ヨックモックの
贈るクッキーレシピ

世界文化社

まごころを込めた
おいしい贈りもの

“シガール”という
ラングド シャー生地のクッキーを発表してから52年。
長く愛されている理由はヨックモックの信条
「まごころを込めたお菓子づくり」にあると信じています。
「菓子には、人を笑顔にする不思議な力がある。
だからこそ、私たちはたくさんの人においしいお菓子を届けたい」
という創業者の想いを受け継ぎ、食べる人の喜ぶ顔を想像し、
こころを込めてお菓子を作ってきました。
おかげさまで海を越えてさまざまな国でも喜んでいただいています。
そんなヨックモックのクッキーを
ご自宅でも作っていただけるようにレシピを考案しました。
愛情たっぷりのおいしいお菓子を大切な人に贈って、
どうぞ笑顔を増やしてください。

Contents

Part 1
シガレットと ラングド シャーサンド

Dessert à la maison
おうちでデザート

おいしいクッキー作りの基本

Part 2
サブレ

Part 3
型抜きクッキー

Dessert à la maison
おうちでデザート

Part 4
ほろほろクッキー

Dessert fait maison
おうちでデザート

Part 5
チュイール

Idées d'emballage facile
簡単ラッピングアイデア

Boîtes de conserve à cookies et boîtes
心躍るクッキー缶＆ボックス

この本のきまり

本書のクッキーは5つの生地と、それらのアレンジを紹介しています。基本の生地の配合をそのままに、アレンジできるものや配合を少し変えたもの、仕上げのみアレンジしたものなど、さまざまなパターンがありますが、どれも基本の生地をマスターすれば簡単に作れます。基本の生地は作り方を追って写真で丁寧に紹介していますので、初めてでも迷わず作ることができます。わからない言葉があったら、109～111ページのクッキー作りの用語集を参考にしてください。

- 出来上がりの枚数はおおよそです。
  クッキーによって数が異なるのは、材料が準備しやすい量にするためです。
- バターは食塩不使用のものを使っています。
- 大さじ1は15ml、小さじ1は5mlです。
- 塩は0.4～0.5gを少々、0.6～0.7gをひとつまみとしています。
- 準備は作り始める前にあらかじめやっておきたいことです。
- 特別に用意するものとは、ボウルやゴムべらなど基本の道具以外に使用するものです。

Part 1

シガレット と ラングドシャーサンド

ヨックモックの定番ラングドシャー生地を使ったお菓子。
巻いたもの、挟んだもの、誰もが一度は見たことのある
お菓子はどなたに贈っても喜ばれます。
バターの豊かな風味を楽しむさまざまなフレイバーが揃います。

シガレット

サクッと軽い食感と、ほどよいバターの風味が生きるシガレット。
「シガール」は13cmですが、一度に4本焼ける約半分のサイズにしました。
生地の状態が少し不安定なので、手早く一気に作ってください。

材料（30本分）

《ラングド シャー生地》

バター …… 50g

粉糖 …… 50g

卵白 …… 40g

薄力粉 …… 36g

アーモンドパウダー …… 5g

準備

□ バターは常温にもどして柔らかくする。

□ 卵白はよくときほぐして、常温にもどす。

□ 粉糖はふるう。

□ 薄力粉、アーモンドパウダーはそれぞれふるってボウルに入れ、泡立て器で混ぜて均一にする。

Advice

あらかじめ粉類を合わせておくと、手早く均一に混ぜられます。

□ 天板にオーブンペーパーを敷く。

□ オーブンは180℃に予熱する。

特別に用意するもの

□ 11ページ ☞ Aの型紙を利用して1㎜の厚紙で型を作る。

□ 熱い生地をのせられる台。木のまな板など。

□ 直径5㎜、長さ15㎝ほどの丸い棒4本。竹箸や菜箸などで代用可。

生地を作る

1 ボウルにバターを入れ、泡立て器で軽く混ぜ、均一な柔らかさにする。

Advice

全体に同じ柔らかさにしておくと、粉糖や粉類がムラなく混ざります。

2 粉糖を一度に加え、ボウルを回しながら周りから中央に集めるように混ぜ始める。粉糖がムラなくバターに混ざり、写真右下のようになめらかになればOK。

3 卵白を6〜7回に分けて加え、そのつど泡立て器を小刻みに動かして、ムラなく混ぜる。

Advice

卵白は最初の数回を、ごく少量ずつ加えて混ぜると分離しません。

次のページへ続く☞

4 分離せず均一に混ざった状態。

Advice

最後の卵白を加える前にボウルについた生地をゴムべらできれいにするとムラなく混ぜられます。

5 薄力粉とアーモンドパウダーを混ぜたものを一度に加える。ゴムべらで数か所切るようにして混ぜ、ボウルを回しながら、ゴムべらを底から大きく返して混ぜる。

Advice

切る、ボウルを回しながら返す、を繰り返すと、生地を練らずに均一に混ぜられます。

型を使って敷き込み、焼く

6 台にオーブンペーパーを広げて型を置き、パレットナイフで**5**をすくって型の中央に置いて広げる。

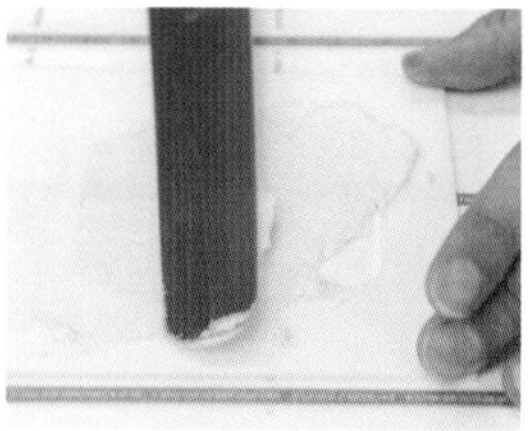

Advice

生地は多めに置いて、余分を取り除くときれいに敷き込めます。

7 パレットナイフを斜めにして厚みが均一になるように擦り切る。型の周りの余分な生地は取り除く。

8 天板に移してオーブンに入れ、170℃にして約7分焼く。

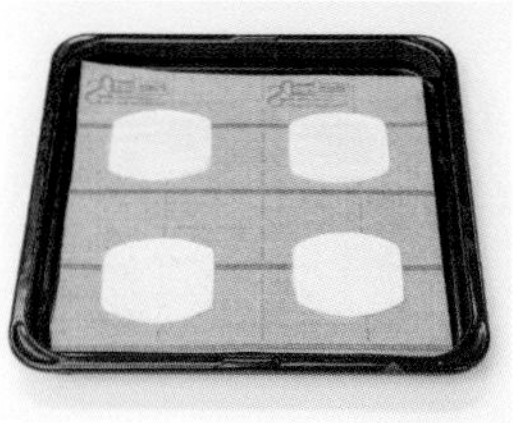

巻いて冷ます

9 熱い生地を置いてもよい台を準備する。オーブンから生地1枚を取り出し、焼き色のついた面を下にし、棒に手早く一気に巻きつける。

Advice

やけどには充分注意してください。軍手をするのがおすすめです。

10 4本巻き、あれば上から重しをして冷ます。残りも同様に焼いて巻き、冷ます。

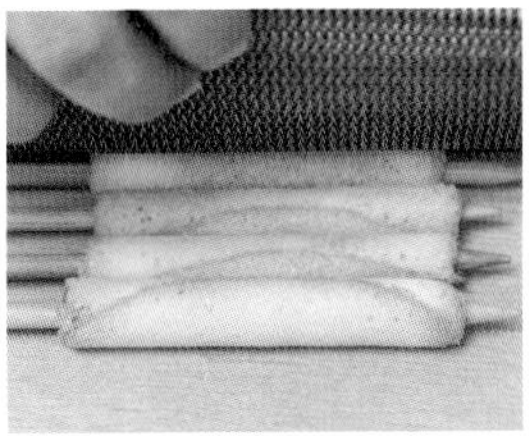

Advice

重しは適度に重みがあり、通気性のよいものを使ってください。

ラング ド シャー生地で使用する型紙

生地を敷き込む型は、簡単に作ることができます。厚紙（1mm）を型紙通りカッターナイフで切り抜いて使ってください。1mm厚さのプラスティック下敷きなどで作ると繰り返し使えます。

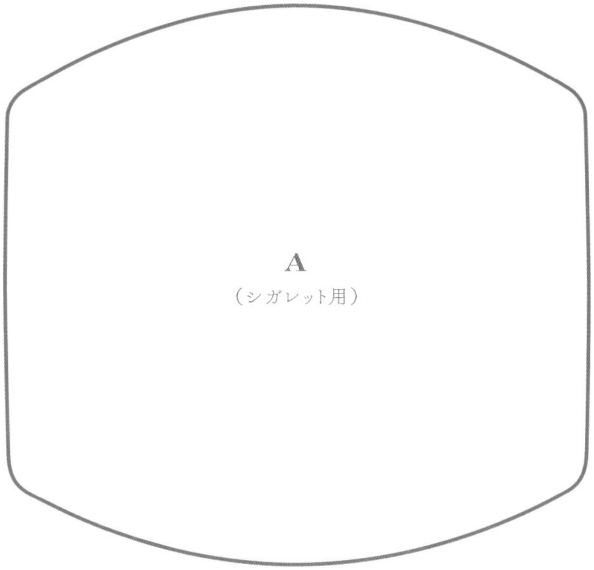

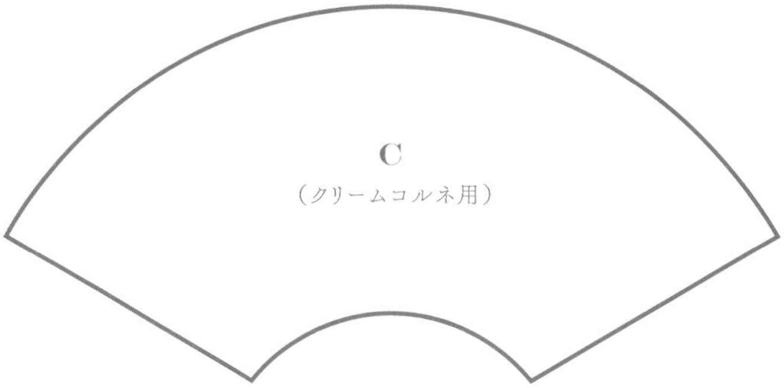

紅茶シガレット　モカシガレット

「シガール」の味違い、紅茶味とモカ味です。
どちらも香り高く、プレーンとともに人気。紅茶味は茶葉を砕いて混ぜるだけ、
モカは卵白にインスタントコーヒーを混ぜて溶かすだけで、どちらもプレーンと同じように作れます。

紅茶シガレット

材料（30本分）

《ラングド シャー生地の材料》（☞ p.9）…… 全量
紅茶の葉（アールグレイ）…… 大さじ1

特別に用意するもの

9ページのシガレットと同様に準備する。

作り方

1 ボウルに紅茶の葉を入れて麺棒で細かく砕き、ふるった薄力粉、アーモンドパウダーと混ぜる。

Advice
茶葉は大きいものが残らなければ、完全に粉末状にならなくても大丈夫です。

2 9〜11ページのシガレットの作り方を参照し、1〜5と同様に生地を作る。

3 6〜10と同様に生地を敷き込んで焼き、巻いて冷ます。

モカシガレット

材料（30本分）

《ラングド シャー生地の材料》（☞ p.9）…… 全量
インスタントコーヒー …… 小さじ2

特別に用意するもの

9ページのシガレットと同様に準備する。

作り方

1 ボウルに卵白を入れてインスタントコーヒーを加え、泡立て器でよく混ぜる。

Advice
卵白はほぼ水分なので、きれいに溶けます。

2 9〜11ページのシガレットの作り方を参照し、1、2と同様に作る。

3 卵白とインスタントコーヒーを合わせたものを3、4と同様に分けて加え、混ぜる。

4 5〜10と同様に生地を作って焼き、巻いて冷ます。

抹茶シガレット　いちごシガレット

期間限定で登場する抹茶味と、本書で初登場のいちご味のご紹介です。
抹茶はキレのあるほろ苦さを生かした大人味。
いちごは子どもから大人まで大好きな甘酸っぱいキュンとする味わいです。

抹茶シガレット

材料（30本分）

《ラングド シャー生地の材料》（☞ p.9）…… 全量
抹茶（粉）…… 3g

準備と特別に用意するもの

9ページのシガレットと同様に準備する。

作り方

1. 薄力粉、アーモンドパウダーに抹茶を加え、泡立て器で均一に混ぜる。
2. 9〜11ページのシガレットの作り方を参照し、1〜5と同様に生地を作る。
3. 6〜10と同様に生地を敷き込んで焼き、巻いて冷ます。

いちごシガレット

材料（30本分）

《ラングド シャー生地の材料》（☞ p.9）…… 全量
いちごパウダー …… 6g

特別に用意するもの

9ページのシガレットと同様に準備する。

作り方

1. 薄力粉、アーモンドパウダーにいちごパウダーを加え、泡立て器で均一に混ぜる。
2. 9〜11ページのシガレットの作り方を参照し、1〜5と同様に生地を作る。
3. 6〜10と同様に生地を敷き込んで焼き、巻いて冷ます。

ラングド シャーサンド

ラングド シャー生地で２種のチョコレートを挟んだ、
ヨックモックでもおなじみのクッキーサンド。
好みで異なるフレイバーの生地で作るのも、
家庭ならではの楽しみです。

材料（15個分）

《ラング ド シャー生地の材料》*1（☞ p.9）
…… 全量

スイートチョコレート*2（粗く刻む）…… 約50g

ホワイトチョコレート*2（粗く刻む）…… 約50g

アーモンドスライス …… 約5g

アーモンドダイス …… 約5g

*1 13ページの紅茶シガレット、モカシガレット、15ページの抹茶シガレット、いちごシガレットの生地で作ってもおいしい。

*2 パータグラッセの名で売られている、コーティング用チョコレートが扱いやすくておすすめ。

準備

9ページのシガレットと同様に準備する。

特別に用意するもの

- □ 11ページ**B**の型紙を利用して1㎜の厚紙で型を作る。
- □ 61ページを参照してオーブンペーパーでコルネを作る。
- □ 熱い生地をのせられる台。木のまな板など。

チョコレートをサンドするこのタイプは、ヨックモックでは春、夏限定です。

作り方

1 9〜11ページのシガレットの作り方を参照し、**1**〜**5**と同様に生地を作る。

2 **6**でサンド用の型を置き、**6**、**7**と同様に型に敷き込み、生地の中央にアーモンドスライスを2〜3枚、またはアーモンドダイスを少量ずつのせる。生地の半量は何ものせない。

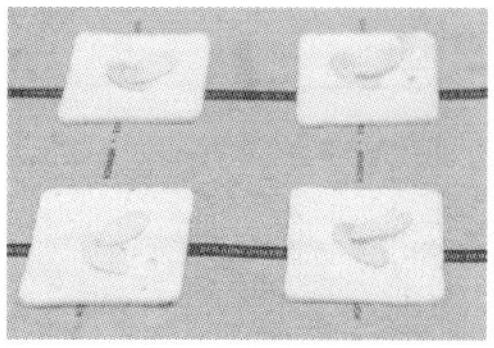

3 **8**と同様に焼き、熱いうちに台にのせ、あれば重しをして冷ます。

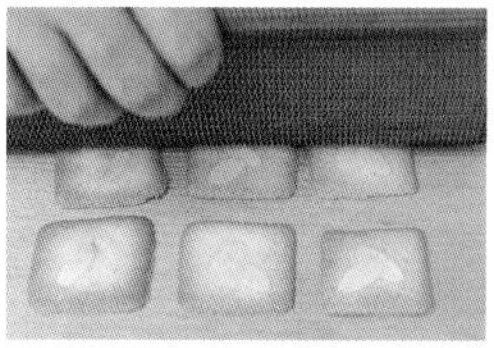

4 スイートチョコレートとホワイトチョコレートはそれぞれ耐熱ボウルに入れ、電子レンジで様子を見ながら温めて溶かし、それぞれコルネに詰める。

5 **3**のアーモンドがない生地の裏を上にして置く。**4**をジグザグに絞り出し、アーモンドがついた生地の裏を下にして重ねて軽く押さえる。

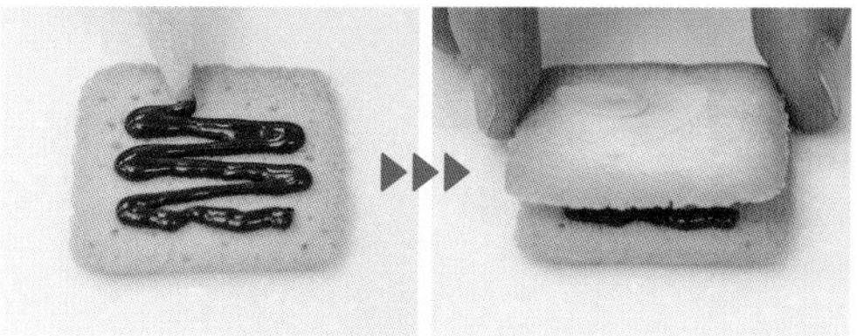

Advice
チョコレートがはみ出さないように、端は空けておきます。

チョコがけラングド シャーサンド

ラングド シャーサンドにチョコがけをしたリッチなタイプ。チョコ好きにはたまらないおいしさです。
つやのあるコーティング用チョコレートを使うと、きれいに仕上がります。

材料（15個分）

ラングド シャーサンド（☞ p.16）…… 全量
スイートチョコレート*（粗く刻む）…… 100g

＊ パータグラッセの名で売られている、コーティング用チョコレートが扱いやすくておすすめ。

準備

□ スイートチョコレートは小さめの耐熱ボウルに入れ、電子レンジで軽く温め、ゴムべらで混ぜて溶かす。

作り方

ラングド シャーサンドのアーモンドがついているものは、アーモンド面を上にして両端を片手で持ち、スイートチョコレートに表面のみひたす。そっと持ち上げて余分なチョコレートを自然に落とし、逆さにして固める。

カップデザート

ソースを敷いた皿にのせたカップは、ラング ド シャー生地で作ったもの。生地が熱いうちに耐熱カップに敷き込むと、簡単にカップ状になります。ソースとアイスでしっとりした生地も美味。

特別に用意するもの

□ 直径7.5cmの耐熱カップを準備し、予熱中のオーブンの上に置いて温める。

材料（1人分）

《ラング ド シャー生地の材料》*1（☞ p.9）
…… 大さじ1

バニラアイスクリーム …… 20g

いちご（縦半分に切る）・ブルーベリー・ブラックベリー …… 各適量

フランボワーズソース*2 …… 大さじ2

ミントの葉（飾り用）…… 少量

*1 9~10ページのシガレットの作り方を参照し、1～5と同様に作ったもの。

*2 フランボワーズのピュレに水を少量加えて作る。

作り方

1 スプーンでラング ド シャー生地をすくい、スプーンの背でオーブンペーパーに直径10cmの円形に広げる。

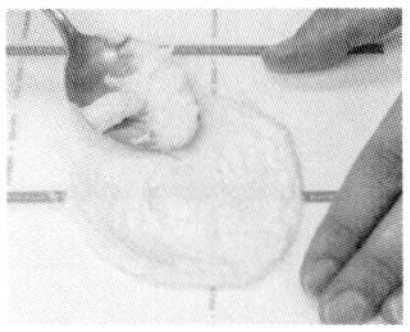

2 オーブンに入れ、170℃にして約12分焼き、焼き上がったらすぐ、耐熱カップに敷き込んで形作って冷ます。

3 皿にフランボワーズソースを敷く。2にバニラアイスクリーム、いちご、ブルーベリー、ブラックベリー、ミントの葉を入れてソースの上にのせる。

クリームコルネ

ラング ド シャーを小さなコルネに仕立て、ホイップクリームを入れていただきます。繊細な生地を一口で食べられるうれしいサイズ。トッピングはお好みで用意してください。

準備と特別に用意するもの

- □ 11ページCの型紙を利用して1㎜の厚紙で型を作る。
- □ アルミ箔で直径2.5㎝高さ5㎝程度の円錐形を作る。絞り袋の口金を利用してもよい。

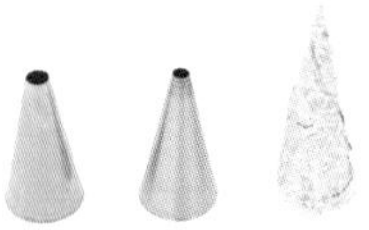

材料（10個分）

《ラング ド シャー生地の材料》＊（☞ p.9）
…… 50g

ホイップクリーム …… 適量

ピスタチオ（粗く刻む）…… 大さじ1

アーモンドダイス …… 大さじ1

＊ 9~10ページのシガレットの作り方を参照し、1～5と同様に作ったもの。フレイバー違いの生地を使うのもおすすめ。

作り方

1 10ページの作り方6でコルネ用の型を置き、ラング ド シャー生地を6、7と同様に型に敷き込む。

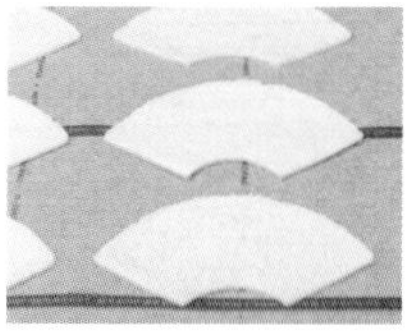

2 作り方8と同様に焼き、熱いうちに型に巻き、あれば重しをして冷ます。

3 2の数個にホイップクリームを詰め、残りの2とピスタチオ、アーモンドダイスを器に盛り、残りのクリームを添える。

目指すは風味豊かで軽い食感

おいしいクッキー作りの基本

ヨックモックでは、幅広い世代に愛される味わいとして風味と食感にこだわっています。それは過不足なく混ぜ合わせた、ムラのない均一な生地作りが基本です。そのために必要な材料や道具、テクニックを紹介します。

主な材料は4つ

BUTTER
バター

FLOUR
粉

EGG
卵

SUGAR
砂糖

クッキーの骨格を作るのは、この4つの材料。
これらのバランスと扱いによって、異なる食感が生まれます。
まずはおいしいクッキーを作るために、必要な約束ごとを覚えましょう。

バターは中心まで柔らかくします

ほとんどのクッキー作りは、バターを柔らかくクリーム状にすることから始まります。そうすると砂糖や卵がきれいに混ざり、分離せずムラのない生地ができます。この「柔らかく」とは常温でクリーム状にしたものを指し、泡立て器で練る必要のない状態。ですから、この本では最初に「バターをクリーム状に練る」という作業はなく、準備として「常温にもどして柔らかくする」としています。バターを一生懸命練らなければいけないということは、まだ中心まで常温にもどっていないということ。もどし時間は季節や室温によって変わります。なかには溶かしたバターを使うクッキーもあります。

ちょうどよいもどし具合

指に力を入れずに簡単にくぼみます。マヨネーズに指を入れたような感覚。バターは1㎝ほどの厚さに切っておくと、早くもどります。

もどし足りない

指で押すと、少し力がいる固さ。まだもどし足りない。

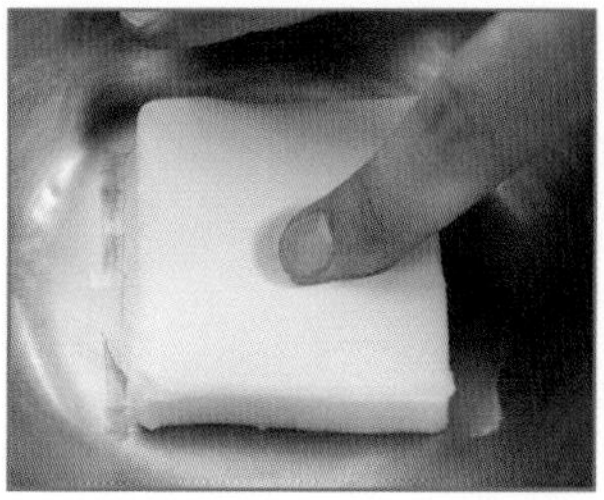

もどしすぎ

表面がテカテカし、周りから溶け出ている状態。

粉は薄力粉、もしくは強力粉をふるって使います

通常、市販の小麦粉は、「薄力粉」「強力粉」「中力粉」の３種です。このうち本書では「薄力粉」と「強力粉」を使用し、材料にも区別して明記しています。薄力粉は粘りのもとであるグルテンが弱く、軽い食感に仕上がります。それに対して強力粉はグルテンが強く、固めの食感。パンの材料として知られていますが、クッキーの目指す食感によっては、強力粉を混ぜたり、強力粉のみを使用したりします。小麦粉は湿気でかたまりやすいため、必ずあらかじめふるっておきましょう。そのまま混ぜるとダマになり、焼き上がっても粉のかたまりが残ってしまいます。

ふるいでふるう

料理に使うざるでは目が粗いため、「ふるい」を使います。オーブンペーパーの上でふるうと粉が飛び散らず、扱いやすくなります。

オーブンペーパーは半分に折る

大きめに切ったオーブンペーパーは中央で折り目をつけておくと、スムーズに投入できます。

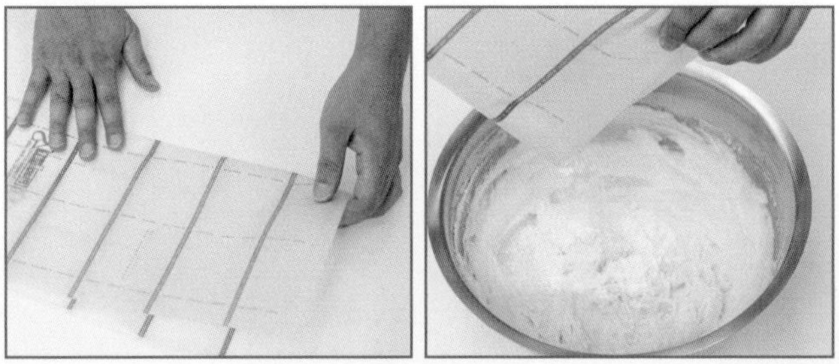

卵は1g単位で計量し、常温にもどします

本書のクッキーに使う卵の量は、そう多くありません。だからこそ少しの違いができ上がりに影響するので、必ず1g単位で計量できるデジタルスケールを使いましょう。また卵はバターと同様、常温にもどして使います。冷蔵庫から出したての冷えた卵を混ぜると、バターとなじみにくく、分離の原因になることも。事前に常温におき、20℃前後になってから加えましょう。クッキーによって、卵白と卵黄を混ぜた全卵を使用するものと、卵白のみ、卵黄のみを使用するものがあります。全卵は、卵白のこしを充分に切って、均一な状態で計量しましょう。

冷えた卵は分離の原因になる

モカシガレット生地のバターと卵白が分離してしまった様子。水分の多い卵白はとくに分離しやすいので、温度に気をつけて少しずつ混ぜましょう。

全卵は卵白のこしをしっかり切る

卵白のみかたまって先に流れてしまうため、しっかりこしを切り、均一に混ぜてから計量しましょう。

砂糖は混ざりやすい粉糖、もしくはグラニュー糖を使います

本書のクッキーには粉糖かグラニュー糖を使います。粉糖はグラニュー糖を粉状にしたもの。どちらも料理に使う上白糖に比べて純度が高く、雑味のないすっきりとした甘さです。クッキーはパウンドケーキやスポンジケーキに比べて水分が少ないため、混ざりやすい粉糖を使います。粉糖はかたまりやすいので、必ずふるってください。そのままではダマになってしまいます。グラニュー糖はざくざく、またはパリッとした食感を出すときに使います。こちらはサラサラとしているため、かたまりがなければふるいません。

粉糖

粒子が細かく、かたまりやすい。かたまりは指でつぶしながらふるいます。

グラニュー糖

粒子が粗く、サラサラしている。かたまりがなければ、ふるわずに使います。

基本の道具選び

お菓子のなかでも、比較的少ない道具で作れるのがクッキー。
ここでは基本の道具と選ぶときのポイントをご紹介します。このほかに、本書で使用している道具は、108ページにあります。そちらも参考にしてください。

デジタルスケール

1g単位の表示で、最大1kgまで計量できるものを。容器の重さを除いて、材料の重さのみをはかれる風袋機能付きのものが便利です。

目の細かいふるい

粉糖や小麦粉のかたまりを取り除くために使います。写真の裏ごし器タイプのもののほか、目の細かいざるでもOK。

直径20㎝のボウル

大きめを選びがちですが、適度な大きさのものを。大きいとその分、側面につく生地の分量が多くなり、寄せ集めるムダな作業で生地を混ぜすぎてしまいます。

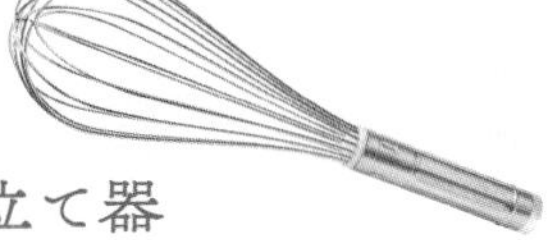

ワイヤーの太い泡立て器

ワイヤーが太くて弾力があり、本数の多いものがおすすめです。弾力があると、少ない力で生地をしっかり混ぜられ、ムラのない状態に仕上がります。

シリコンのゴムべら

適度にしなるシリコン製を。持ち手まで一体型のものが衛生的でおすすめです。シリコン製は熱に強いため、キャラメル作りにも使用できます。

太めの麺棒

生地をのばすときに使います。細いものは力が入りにくいため、手になじむ、適度な太さが必要です。プラスティック製もあります。

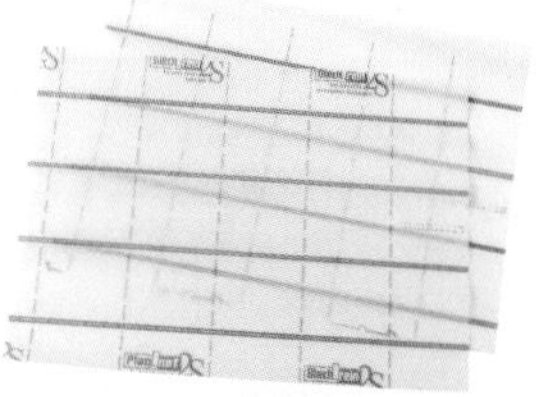

オーブンペーパー

表面に樹脂加工された、生地が焦げつかない紙。一般的にロール状で売られており、天板の大きさに合わせて切って使います。使い捨てのものと使い回しができるものがあります。

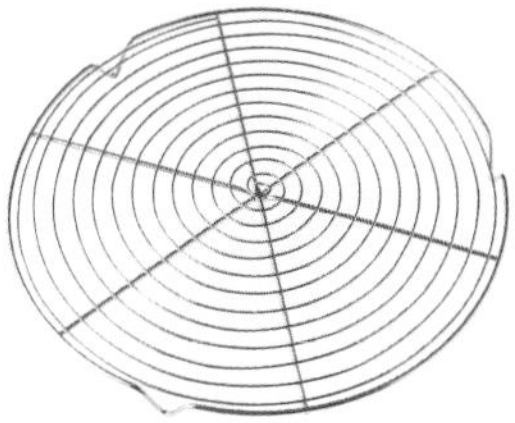

ケーキクーラー(網)

焼き上がったクッキーを冷ます網のこと。天板のままでは余熱で火が通りすぎたり、湿気がこもったりするので、風通しをよくして冷まします。なければ揚げものの油を切る網でも。

覚えておきたい
テクニック

ちょっとしたことで、仕上がりが大きく変わるのがお菓子作り。クッキー作りに共通する大事なテクニックをまとめました。各ページにもアドバイスがありますが、ここで基本をしっかり覚えると、よりおいしく作れます。

☞準備

お菓子作りは正確な計量から。材料はあらかじめデジタルスケールではかりましょう。途中ではかっていると、生地の状態が変わってしまうこともあります。粉類はふるっておきます。

粉類はふるう

粉糖、小麦粉、アーモンドパウダーはダマにならないように必ずふるいます。その際、オーブンペーパーなど大きめの紙に折り目をつけて広げ、その上でふるうと周りに粉が飛び散りません。アーモンドパウダーは粒子が粗いので、目が細かいざるでふるいましょう。かたまりは手でつぶします。

☞生地作り

生地は混ぜ方に注意して手早く、ムラができないように混ぜます。泡立て器とゴムべらを使って、過不足なく混ぜましょう。

泡立て器で底をするように混ぜる

泡立て器でバターに砂糖や卵を混ぜるときは、むやみに動かさず、ボウルの底をするように混ぜると早く混ざります。

泡立て器の中にたまった生地は落とす

混ぜていると、バター生地が泡立て器の中に入ってしまいます。まめに振り落としましょう。そのままにしておくと混ぜムラができてしまいます。

泡立て器やボウルについた生地を取る

泡立て器からゴムべらに持ち替えるときは、ワイヤーについた生地をきれいに取りましょう。同じく、ボウルについた生地も途中できれいにすると、ムラになりません。

ゴムべらで「切る」→「返す」を繰り返す

粉を混ぜるときは、ゴムべらを使います。ぐるぐると混ぜると練ってしまうので、数か所切るように混ぜ、それからボウルを45°ずつ回しながら、底から大きく返すように混ぜましょう。この2つの動作を繰り返して混ぜます。

☞休ませる

ほとんどのクッキー生地は焼く前に、冷蔵庫で休ませます。混ぜたての生地は弾力があり不安定で、そのまま焼くと焼き縮みの原因になるからです。また、バターが柔らかいままでは、生地がダレて扱いにくく、食感も悪くなります。

厚みを均一にする

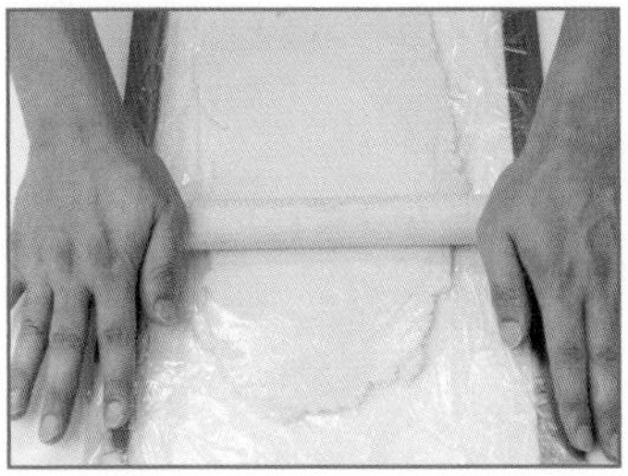

中まで均一に冷えるように厚みを揃えます。型抜きクッキーは、あらかじめ指定の厚みにのばしてから休ませると手早く抜くことができます。

ラップでぴっちり包む

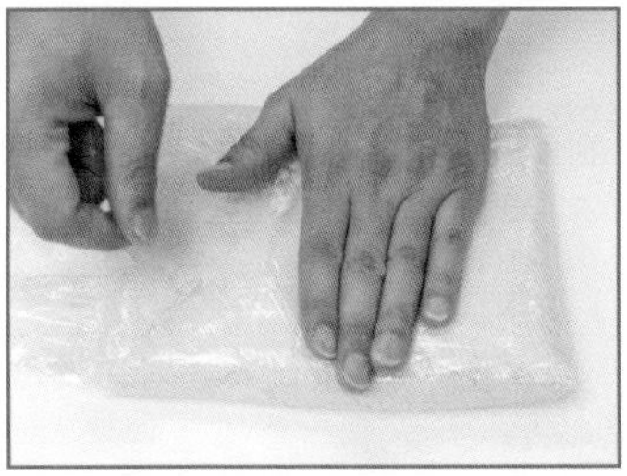

冷蔵庫内は乾燥しているので、空気が入らないようにラップでぴっちり包みましょう。アルミやステンレスのトレーにのせるとより早く冷えます。

二重ラップする

液状の生地の場合は、空気に触れないように生地の表面とボウルとの両方にラップをかけ、乾燥を防ぎます。

☞成形

冷蔵庫から出したら、とにかく手早く!　時間が経つと生地が柔らかくなり、ダレてきます。扱いにくいなと思ったら、慌てず冷蔵庫に戻しましょう。手早くといっても、作業は丁寧に。抜き型からはそっとはずす、切り口をととのえるなど、ちょっとしたことで仕上がりが変わります。

抜き型からはずすときは、そっと押し上げてはずします。

切り口がささくれ立っていたら、指先でととのえます。焼く前の姿のまま焼き上がるため、きれいにととのえましょう。

焼く

オーブンは予熱しておきますが、開閉で温度が下がることを見越して、実際の温度より10℃上げて予熱します。焼き始めに正しい温度に設定してください。オーブンの機種やクセによって、必ずしもレシピどおりにはできないこともあります。途中で様子を見ながらベストな焼き時間を見つけてください。

間隔を空けて並べる

生地は2㎝ほど間隔をおいて並べましょう。生地にもよりますが、焼いてふくらんだり、流れたりすることもあります。間隔を空けておくと、隣の生地とくっついてしまうこともありません。

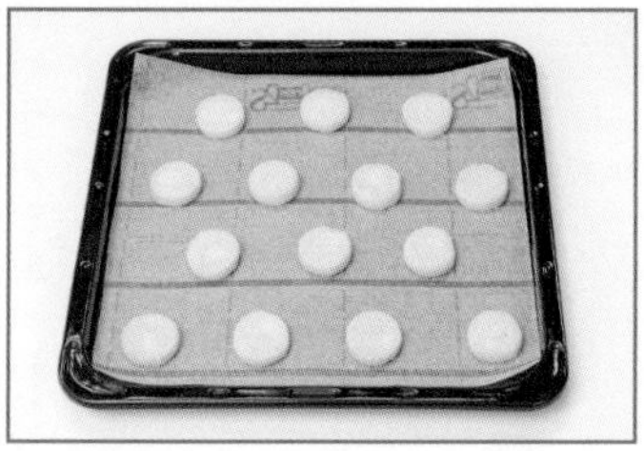

型抜き後の生地はそのまま焼く

型抜きの終わった半端な生地はそのまま焼きましょう。もう一度集めて冷蔵庫で締めると、再び型抜き可能ですが、そのまま焼いたほうが風味も食感も損なわず、おいしく食べられます。ご家庭用ならば、そのほうがおすすめです。

冷ます

焼き上がったら、ケーキクーラーにのせて通気性をよくして冷ましましょう。とくに薄いクッキーは天板にのせたままでは余熱で火が入り、焼きすぎてしまいます。ラング ド シャーは形を安定させるため、平らなところで冷まします。

裏側にも空気が通るので、冷ましている間に湿気がたまりません。

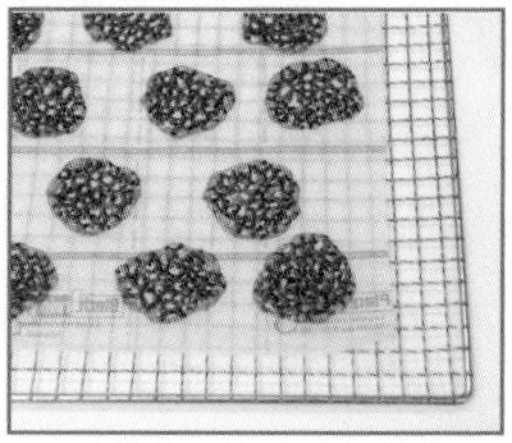

薄いチュイールは焼き上がってすぐにはきれいに取れないので、シートごとケーキクーラーへ。

保存

せっかく作ったクッキーは、最後までおいしくいただきたいですね。湿気を防ぐため、できるだけ密閉性の高い保存容器がおすすめです。その際、乾燥剤を入れるとより日もちします。プレゼントするときにも使ってください。

Part
2

サブレ

サブレとは「砂をまいた」という意味で、
ザクザクとした軽い食感とバターの風味が持ち味のクッキーです。
周りにざらめをつけて焼いたものは、フランス語で
「ディアマン（＝ダイアモンド）」と呼ばれ親しまれています。

サブレ

粉やバターなどシンプルな材料でそれぞれの風味が楽しめます。
ナッツやチョコレートを加えて簡単にアレンジできるため、
材料を多めに準備して、途中から味違いに作り替えていくと、さまざまな種類のサブレが焼けます。

材料（60枚分）

《基本のサブレ生地》

バター …… 200g

粉糖 …… 110g

卵黄 …… 20g

アーモンドパウダー …… 65g

薄力粉 …… 205g

塩 …… 少々

ざらめ糖 …… 約30g

打ち粉（強力粉）…… 適量

準備

□ バターは常温にもどして柔らかくする。

□ 卵黄は常温にもどす。

□ 粉糖、薄力粉、アーモンドパウダーはそれぞれふるう。

□ 天板にオーブンペーパーを敷く。

□ オーブンは180℃に予熱する。

ざらめ糖

グラニュー糖と同じく純度の高い砂糖。グラニュー糖よりも粒子が粗く、高温でも溶けにくい。

生地を作る

1 ボウルにバターを入れ、泡立て器で軽く混ぜ、均一な柔らかさにする。

Advice

全体に同じ柔らかさにしておくと、粉糖や粉類がムラなく混ざります。

2 粉糖、塩を一度に加え、ボウルを回しながら周りから中央に集めるように混ぜ始める。粉糖がムラなくバターに混ざって、なめらかになればOK。

3 卵黄を一度に加え、均一に混ぜる。

Advice

クリーム状でつやのある状態がベストです。

次のページへ続く☞

4 アーモンドパウダーを一度に加え、ムラなく均一にすり混ぜる。泡立て器についた生地もゴムべらできれいに落とす。

5 薄力粉を半量加え、ゴムべらで数か所切るようにして混ぜる。

Advice

最初に切るように筋を入れると、全体にムラなく混ざります。

6 ボウルを回しながら、ゴムべらを底から大きく返して混ぜる。数回混ぜたら、再び切るように混ぜる。写真のように5割程度混ざればOK。

Advice

混ぜすぎると生地が固くなるので、1回目に加えた粉は完全に混ぜきりません。

7 残りの薄力粉を加え、同様に混ぜる。今度は完全に混ぜきる。

休ませる（1回目）

8 ラップを広げ、**7**を移して2㎝厚さの正方形にして、空気を抜きながらぴっちり包む。

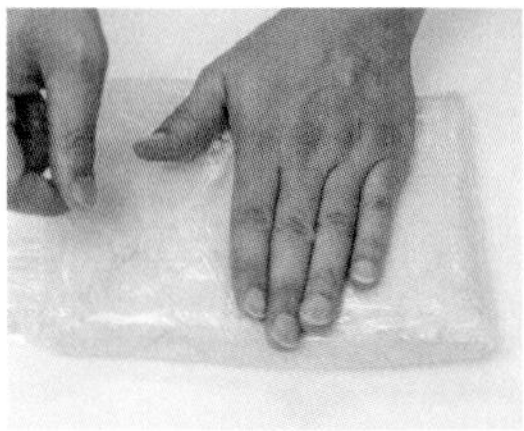

Advice

厚みを均一にすると、生地の状態も均一になって扱いやすくなります。

9 あればアルミかステンレスのトレーにのせ、冷蔵庫で2時間休ませる。

Advice

休ませることによって、バターがしっかり冷え、焼いている間に溶け出さず、軽い食感に仕上がります。

成形して休ませる（2回目）

10 台に打ち粉をして9をのせ、縦4等分する。

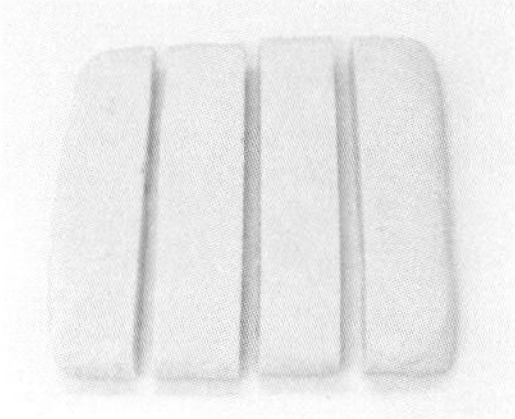

11 それぞれラップに包んで手で握りながら角をなくし、転がして表面をなめらかにしながら直径3㎝の円柱状に形作る。冷蔵庫で1時間休ませる。

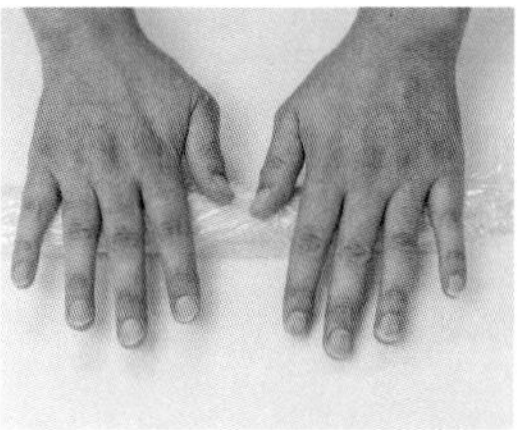

Advice

この状態でラップでぴっちり包んで冷凍保存でき、約2週間はもちます。必要な分だけ焼き、残りは別の日に焼いてもOK。

ざらめ糖をつけて切り、冷やす

12 ラップを広げ、ざらめ糖を生地の幅に広げて生地を転がしてつける。

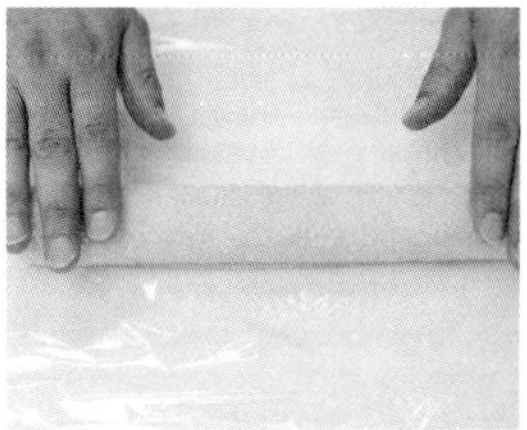

Advice

つきにくければ、生地に霧を吹いてください。

13 端から8㎜厚さに一度に焼く分だけ切り、切り口を手でととのえる。ラップで包み、冷蔵庫で約30分冷やす。

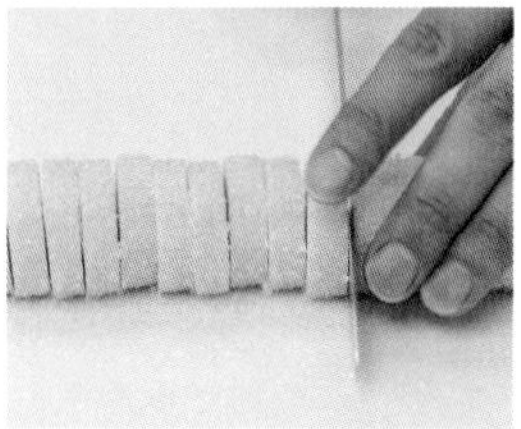

Advice

生地の角や表面が荒れていると、きれいに焼き上がらないので注意してください。

焼く

14 天板に間隔を空けて並べ、オーブンに入れ、170℃にして約15分焼く。

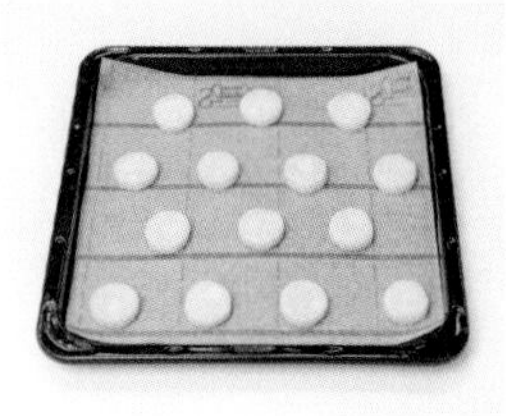

15 こんがり焼き色がついたら、網にのせて冷ます。残りも同様に焼く。

レモンサブレ

レモンの香りが口いっぱいに広がる爽やかなサブレ。
レモンの皮は焼いても風味が落ちず、フレッシュな味わいです。
基本のサブレから簡単にアレンジできるのもうれしい。

材料（60枚分）

《基本のサブレ生地の材料》（☞ p.33）…… 全量
レモンの皮*…… 5g（約1個分）
レモンピール（砂糖漬け。刻んだもの）…… 80g
ざらめ糖 …… 約30g
打ち粉（強力粉）…… 適量

＊ ワックス不使用の国産がおすすめ。

準備

□ 33ページのサブレと同様に準備する。

作り方

1 33〜35ページのサブレの作り方を参照し、1、2と同様に作り、レモンの皮をすりおろして加え、3〜7と同様に生地を作る。

Advice
レモンの皮は表面の黄色い部分のみすりおろします。

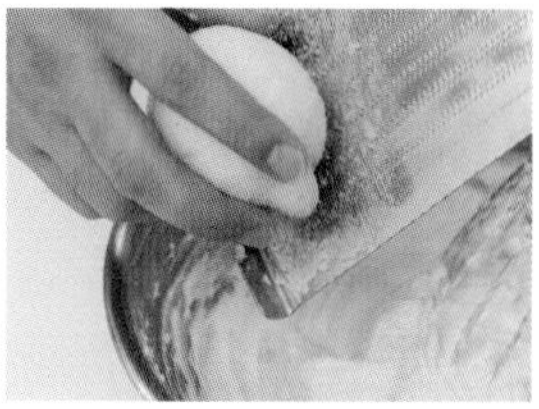

2 8〜13と同様に成形、休ませるを繰り返し、作り方14で天板に並べ、生地の中央にレモンピールを少量ずつのせ、焼いて冷ます。

リッチチョコサブレ

生地にチョコレートとココアを練り込み、
チョコチップも混ぜ込んだチョコづくしの贅沢なサブレです。
チョコ生地を楽しんだあとに、チョコチップが溶け、
チョコ好きにはたまらないおいしさです。

材料（80枚分）

バター …… 250g
粉糖（または上白糖）…… 147g
卵黄 …… 40g
スイートチョコレート（粗く刻む）…… 35g
塩 …… 1.2g
薄力粉 …… 260g
ココアパウダー …… 30g
チョコチップ* …… 100g

＊ スイートチョコレートを粗く刻んだものでも可。

準備

□ バターは常温にもどして柔らかくする。

□ スイートチョコレートは湯せんにかけて焦がさないように溶かし、人肌程度に冷ます。

□ 卵黄は常温にもどす。

□ 粉糖はふるう。

□ 薄力粉、ココアパウダーはボウルに入れ、泡立て器で均一に混ぜてふるう。

□ 天板にオーブンペーパーを敷く。

□ オーブンは180℃に予熱する。

作り方

1 ボウルにバターを入れて泡立て器で軽く混ぜ、均一な柔らかさにする。スイートチョコレートを加えてなめらかに混ぜる。

2 33〜35ページのサブレの作り方を参照し、**2**、**3**と同様に作る。

3 作り方**5**で準備した薄力粉とココアパウダーの半量を加え、**6**と同様に5割程度混ぜ、残りすべてと、チョコチップを加えて**7**と同様に完全に混ぜきる。

4 **8**〜**11**と同様に休ませて切る。

5 **13**を参照して切って冷やし、**14**、**15**と同様に焼いて冷ます。

チョコチップサブレ

基本のサブレ生地に刻んだチョコレートを混ぜるだけ。
簡単に変化がつくので、基本のサブレとセットでプレゼントがおすすめです。

材料（60枚分）

《基本のサブレ生地の材料》（☞p.33）……全量

スイートチョコレート*（粗く刻む）……90g

打ち粉（強力粉）……適量

＊ 扱いやすい製菓用がおすすめ。手に入らなければ、市販の板チョコでも可。

準備

□ 33ページのサブレと同様に準備する。

作り方

1 33〜35ページのサブレの作り方を参照し、1〜6と同様に作る。

2 7で、残りの薄力粉とともにスイートチョコレートを加え、練らないように混ぜきる。

3 8〜11と同様に成形、休ませるを繰り返し、13〜15と同様に切って冷やし、焼いて冷ます。

マカダミアナッツサブレ

基本のサブレ生地にマカダミアナッツをたっぷりと入れ、
食べやすく細めに焼き上げました。
ヨックモックではこのタイプのクッキーにミルクチョコレートをサンドしています。

材料（60枚分）

《基本のサブレ生地の材料》（☞p.33）…… 全量
マカダミアナッツ*…… 150g
打ち粉（強力粉）…… 適量

＊ 塩味のついていないものがよいが、手に入らなければサブレ生地の材料の塩を除いて使う。

準備

□ 33ページのサブレと同様に準備する。
□ マカダミアナッツは約5㎜角に刻む。

作り方

1 33～35ページのサブレの作り方を参照し、1～6と同様に作る。

2 7で残りの薄力粉とともにマカダミアナッツを加え、練らないように混ぜきる。

3 8～11と同様に休ませて切り、それぞれ2.5×4.5㎝の四角柱に形作る。冷蔵庫で1時間休ませる。

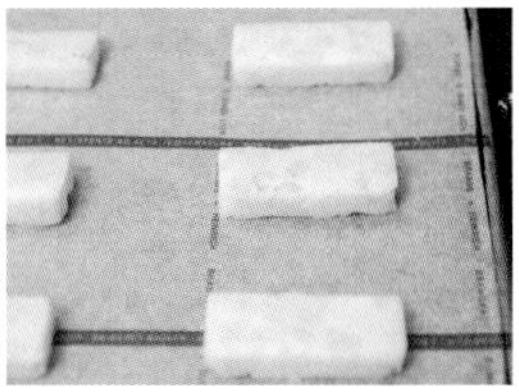

4 13～15と同様に切って冷やし、焼いて冷ます。

ココアサブレ

粉の一部をココアに替えた、ほろ苦い風味が魅力のサブレ。
ココアパウダーの粒子は細かいので、薄力粉に混ぜてから加え、均一に混ぜます。

材料（60枚分）

バター …… 200g
粉糖 …… 110g
卵黄 …… 10g
アーモンドパウダー …… 65g
薄力粉 …… 160g
ココアパウダー（無糖）…… 45g
塩 …… 少々
打ち粉（強力粉）…… 適量

準備

□ バターは常温にもどして柔らかくする。

□ 卵黄は常温にもどす。

□ 粉糖、アーモンドパウダーはそれぞれふるう。

□ 薄力粉、ココアパウダーはボウルに入れ、泡立て器で均一に混ぜてふるう。

□ 天板にオーブンペーパーを敷く。

□ オーブンは180℃に予熱する。

作り方

1 33〜35ページのサブレの作り方を参照し、1〜4と同様に作る。

2 作り方5で準備した薄力粉とココアパウダーの半量を一度に加え、6と同様に5割程度混ぜ、残りの薄力粉とココアパウダーを加えて完全に混ぜきる。

3 8〜10と同様に休ませて切る。それぞれ3cm角の四角柱に形作り、冷蔵庫で1時間休ませる。

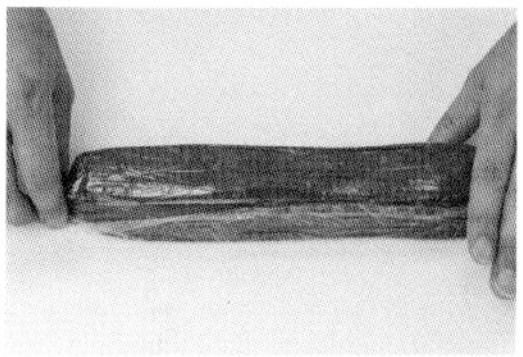

4 13で5mm厚さに切って冷やし、14、15と同様に焼いて冷ます。

ココナッツサブレ

ココナッツをぎっしり混ぜ込んでさらにトッピングにもたっぷり。
ココナッツの味わいを際立たせるため、バターは控えめにし、
アーモンドパウダーも使いません。

材料（60枚分）

バター……150g
粉糖……80g
卵黄……20g
薄力粉……150g
ココナッツファイン……150g
打ち粉（強力粉）……適量
卵黄（仕上げ用）……1個
ココナッツファイン（仕上げ用）……50g

準備

□ 33ページのサブレと同様に準備する。

特別に用意するもの

□ 生地の厚みを揃える5㎜厚さの添え棒。

□ 50×30㎜の波形の抜き型。手持ちの抜き型でもよい。

作り方

1 33～35ページのサブレの作り方を参照し、塩を加えずに**1**～**3**と同様に作る。

2 薄力粉を一度に加えて**6**と同様に混ぜ、6割程度混ざったらココナッツファインを加え、練らないように混ぜきる。

3 ラップを広げて2をのせて添え棒を置き、麺棒で5㎜厚さにのばす。

4 ラップでぴっちりと包み、あればアルミかステンレスのトレーにのせて冷蔵庫で1時間休ませる。

Advice
大きくのばせなければ、2～3枚に分けましょう。

5 台に打ち粉をし、4をのせて型でそっと抜く。ココナッツが飛び出ていたら、指でととのえ、オーブンペーパーに並べて冷蔵庫で15分休ませる。

Advice
ココナッツが飛び出ていると、焦げの原因になります。

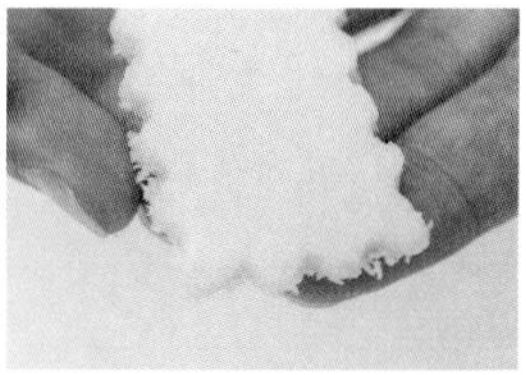

6 刷毛で卵黄を隅々まで塗り、1枚ずつ仕上げ用のココナッツファインをのせる。生地を傾けて、余分なココナッツを落とす。

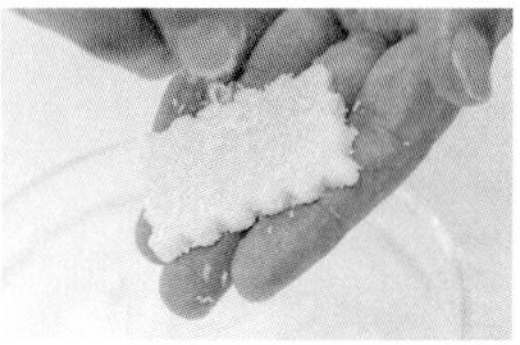

7 天板に間隔を空けて並べ、オーブンに入れて170℃にして約15分焼く。

8 こんがり焼き色がついたら網にのせて冷ます。

チョコがけサブレ

クッキーとチョコレートの組み合わせはヨックモックの定番です。チョコレートアレンジは、簡単で見栄えがするので冬の贈りものにぜひ。トッピングに好みのナッツやレモンピールなどを刻んでのせるとアクセントになります。

材料（20枚分）

サブレ（☞p.32）、ココアサブレ（☞p.44）など
　好みのサブレ …… 適量
スイートチョコレート*（粗く刻む）……100g
トッピング（刻んだピスタチオなど）…… 適量

＊ パータグラッセの名で売られている、コーティング用チョコレートが扱いやすくておすすめ。

準備

□ スイートチョコレートは小さめの耐熱ボウルに入れ、電子レンジで軽く温め、ゴムべらで混ぜて溶かす。

Advice

ボウルの上部までチョコレートが入っていると作業がしやすくなります。

作り方

半分つける

サブレの端を持ってチョコレートのボウルに半分つけ、ボウルの縁で余分なチョコレートを落とし、オーブンペーパーにのせて固める。

底面につける

サブレを親指と人差し指で浅く持ち、チョコレートにつける。余分なチョコレートを自然に落とし、チョコの面を上にしてオーブンペーパーにのせて固める。

チョコ＋トッピング

ココアクッキーの角にチョコレートを少しつけ、オーブンペーパーにのせる。すぐに刻んだピスタチオをのせて固める。

Part 3

型抜きクッキー

サブレよりも粉が多めで、

その粉の半量に強力粉を使った歯ごたえのあるクッキー。

強力粉は固くなりやすいので、ちょっと混ぜ足りないかな?程度で充分です。

生地が安定して表面も平らに焼き上がるため、

型押しやアイシングなどのデコレーションにも向きます。

型抜きクッキー

アーモンドパウダーを使わず、粉のおいしさを楽しむ素朴な味わいです。
粉が多い分、生地が安定するため、複雑な形の型でもきれいに焼き上がります。
強力粉は固くなりやすいので、混ぜすぎないように注意してください。

材料（40枚分）

バター …… 120g

粉糖 …… 80g

卵黄 …… 20g

A
- 薄力粉 …… 100g
- 強力粉 …… 100g
- ベーキングパウダー …… 1g

打ち粉（強力粉）…… 適量

準備

- □ バターは常温にもどして柔らかくする。
- □ 卵黄は常温にもどす。
- □ 粉糖はふるう。
- □ Aは合わせてふるう。
- □ 天板にオーブンペーパーを敷く。
- □ オーブンは140℃に予熱する。

特別に用意するもの

- □ 生地の厚みを揃える5㎜厚さの添え棒。
- □ 直径30㎜の波形の抜き型。手持ちの抜き型でもよい。

生地を作る

1 ボウルにバターを入れ、泡立て器で軽く混ぜ、均一な柔らかさにする。

Advice
全体に同じ柔らかさにしておくと、粉糖や粉類がムラなく混ざります。

2 粉糖を一度に加え、ボウルを回しながら周りから中央に集めるようにすり混ぜる。

3 卵黄を一度に加え、写真右下のように均一に混ぜる。

Advice
クリーム状でつやのある状態がベスト。

4 Aを一度に加え、ゴムべらで数か所切るようにして混ぜ、ボウルを回しながら、ゴムべらを底から大きく返して混ぜる。

次のページへ続く☞

5 切るように混ぜ、返しながら混ぜるを繰り返し、写真のように9割程度混ぜる。

Advice
残りの1割は、麺棒でのばしているうちに混ざるので、ここではまとまらなくてもOK。

のばして休ませる

6 ラップを広げて添え棒を左右に置き、5をのせて上にもラップをかけて生地を挟む。最初は麺棒を転がさずに、押し広げながら薄くのばす。

Advice
生地の中の空気を抜きながら厚みを均一にします。

7 ある程度広がったら、麺棒を中央から端に向かって転がして5㎜厚さに均一にのばす。

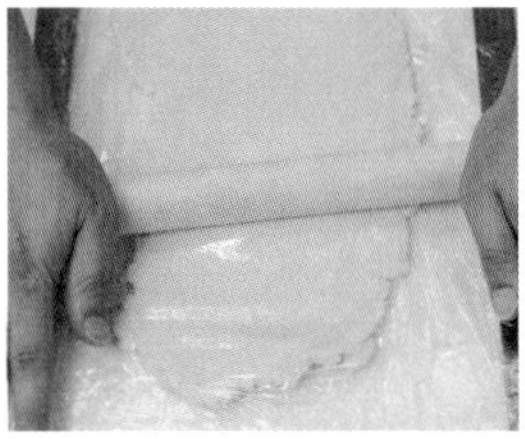

8 ラップに挟んだまま半分に切って重ね、あればアルミかステンレスのトレーにのせ、冷蔵庫で1時間休ませる。

Advice
そのまま冷蔵庫に入る場合は切る必要はありません。

型で抜いて焼く

9 台に打ち粉をし、8のラップをはずして置き、型を当てて手のひらで押して抜く。型からそっと押し出してはずし、天板に間隔を空けて並べる。

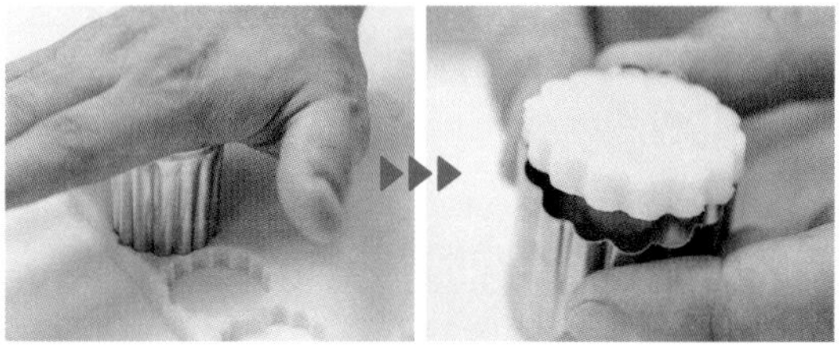

Advice
途中で生地が柔らかくなったら、冷蔵庫に入れて締めます。

10 オーブンに入れ、130℃にして約40分焼く。こんがり焼き色がついたら網にのせて冷ます。

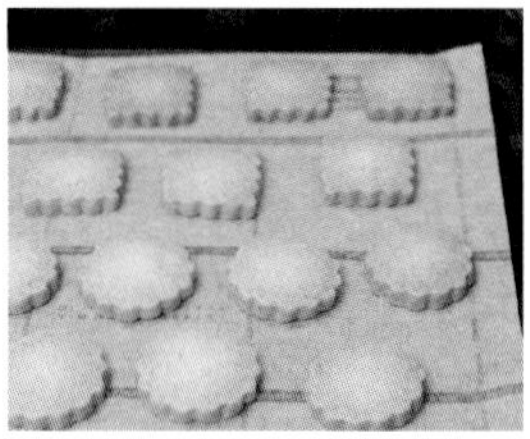

Advice
粉が多めなので、低温でしっかり火を入れます。

型抜きいちごクッキー

材料（40枚分）

バター …… 120g
粉糖 …… 80g
卵黄 …… 20g
A
- 薄力粉 …… 95g
- 強力粉 …… 95g
- ベーキングパウダー …… 1g

いちごパウダー（フリーズドライ）* …… 15g
打ち粉（強力粉）…… 適量

＊好みで他のフルーツのフリーズドライパウダーを使ってもよい。

準備と特別に用意するもの

□ 51ページの型抜きクッキーと同様に準備する。

作り方

1 51～52ページの型抜きクッキーの作り方を参照して、**1～3**と同様に作る。

2 いちごパウダーを加えて泡立て器ですり混ぜる。

3 **4**、**5**と同様に粉類を加えて混ぜる。

4 **6～8**と同様にのばして休ませる。

5 **9**、**10**と同様に型抜きして焼き、冷ます。

型抜きピスタチオクッキー

材料（40枚分）

バター …… 120g
粉糖 …… 80g
卵黄 …… 20g
A
- 薄力粉 …… 92g
- 強力粉 …… 92g
- ベーキングパウダー …… 1g

ピスタチオパウダー* …… 50g
打ち粉（強力粉）…… 適量

＊好みで他のナッツのパウダーを使ってもよい。

準備と特別に用意するもの

□ 51ページの型抜きクッキーと同様に準備する。

作り方

1 51～52ページの型抜きクッキーの作り方を参照して、**1～3**と同様に作る。

2 ピスタチオパウダーを加えて泡立て器ですり混ぜる。

3 **4**、**5**と同様に粉類を加えて混ぜる。

4 **6～8**と同様にのばして休ませる。

5 **9**、**10**と同様に型抜きして焼き、冷ます。

チョコサンドクッキー

シンプルな型抜きチョコレートクッキーで、
スイートチョコレートをサンドしたダブルチョコスタイル。
中央を小さなハート型で抜いた控えめなかわいらしさがプレゼントにぴったりです。

材料（30個分）

バター …… 110g

スイートチョコレート*（粗く刻む）…… 20g

卵黄 …… 20g

粉糖 …… 80g

A
- 薄力粉 …… 90g
- 強力粉 …… 90g
- ココアパウダー …… 16g
- ベーキングパウダー …… 1g

サンド用スイートチョコレート*（粗く刻む）…… 適量

＊ パータグラッセの名で売られている、コーティング用チョコレートが扱いやすくておすすめ。

準備

□ バターは常温にもどして柔らかくする。

□ スイートチョコレートはそれぞれ湯せんにかけて焦がさないように溶かし、人肌程度に冷ます。

□ 卵黄は常温にもどす。

□ 粉糖はふるう。

□ Aは合わせてふるう。

□ 天板にオーブンペーパーを敷く。

□ オーブンは140℃に予熱する。

特別に用意するもの

□ 生地の厚みを揃える3㎜厚さの添え棒。

□ 直径50㎜の波形の抜き型。直径約8㎜のハートの抜き型。手持ちの抜き型でもよい。

作り方

1 ボウルにバターを入れて泡立て器で軽く混ぜ、均一な柔らかさにする。スイートチョコレートを加えてなめらかに混ぜる。

2 51〜52ページの型抜きクッキーの作り方を参照し、2〜5と同様に作る。

3 6〜8と同様にのばして休ませ、9、10と同様に型抜きし、半量は中央をハート型で抜いて焼き、冷ます。

4 サンド用スイートチョコレートはコルネ（☞p.61）に入れて3の中央に絞り出す。ハート型で抜いたものをそっと重ねる。

Advice
型抜きの波形をぴったり合わせると、きれいに見えます。

フルーツアイシングクッキー

フルーツで作ったおいしいアイシングを施して、彩り豊かなアイシングクッキーに。
型抜きクッキーなら生地が安定しているので、アイシングづけもきれいに仕上がります。
見た目の美しさもさることながら、フルーツの風味と自然な甘さがうれしい。
お子さんへのプレゼントにもよろこばれます。

材料

型抜きクッキー・型抜きピスタチオクッキー・
型抜きいちごクッキー（☞p.50）のうち
好みのもの …… 適量

好みのフルーツアイシング（右記）…… 各適量

準備

□ 天板にオーブンペーパーを敷く。

□ オーブンを100℃に予熱し、電源を切る。

作り方

1 クッキーが冷めたら、表を下にして1枚手に持って表面を好みのフルーツアイシングにつける。

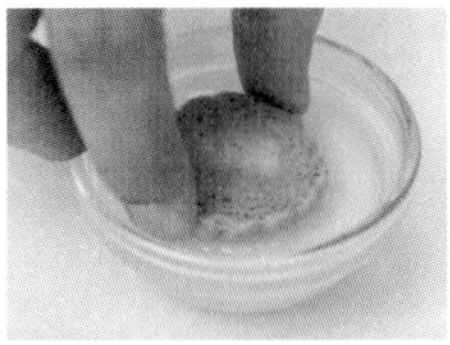

2 持ち上げて余分なアイシングを自然に落とす。

3 台に置き、気泡があれば竹串でつぶす。

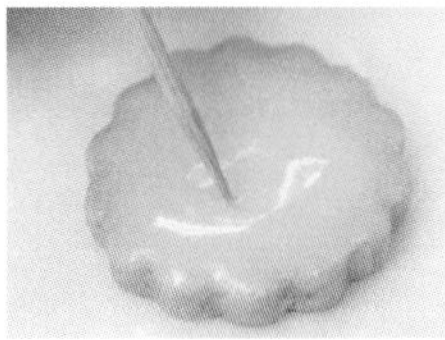

4 天板に並べてオーブンに入れ、ひと晩おいて乾かす。

Advice
乾燥させると透明感のあったアイシングが不透明になります。季節によっては自然乾燥でOK。

フルーツアイシング

フルーツのピュレで作るアイシングはおいしいだけでなく、粉糖と混ぜるだけなので簡単。線やドットを描くときには、粉糖を多めにするときれいに描けます。

フランボワーズ

材料（約50枚分）

フランボワーズのピュレ（無糖）…… 15g
粉糖 …… 40g

ブルーベリー

材料（約50枚分）

ブルーベリーのピュレ（無糖）…… 15g
粉糖 …… 45g

マンゴー

材料（約50枚分）

マンゴーのピュレ（無糖）…… 15g
粉糖 …… 45g

レモン

材料（約50枚分）

レモン汁 …… 8g
粉糖 …… 45g

作り方

各ピュレ、またはレモン汁をボウルに入れ、粉糖を加えてよく混ぜる。

アイシングデコクッキー

クッキー生地とアイシングを使って、いろいろなデコレーションに。
子どもっぽくなりがちなデコも、アイデア次第で大人の贈りものにもおすすめです。
クッキー生地を焼く前に型押ししたり、アイシングが乾く前にトッピングしたり、さりげないデコも素敵。

材料

型抜きクッキー・
　型抜きピスタチオクッキー・
　型抜きいちごクッキー（☞p.50）のうち
　好みのもの …… 適量

フルーツアイシングクッキー（☞p.56）…… 適量

フルーツアイシング（☞p.57）…… 適量

トッピング（刻んだピスタチオ、金箔など）…… 適量

特別に用意するもの

□　コルネ（☞p.61）を作る。

デコアイデア 1

トッピング

焼いたクッキーを冷まし、フルーツアイシングをつけ、乾かす前に中央にナッツや金箔を少量のせる。

デコアイデア 2

ドットやラインを描く

フルーツアイシングクッキーに弧を描くように、大きなドットから徐々に小さくして絞り出す。このほかアトランダムに大、小のドットを散らす。

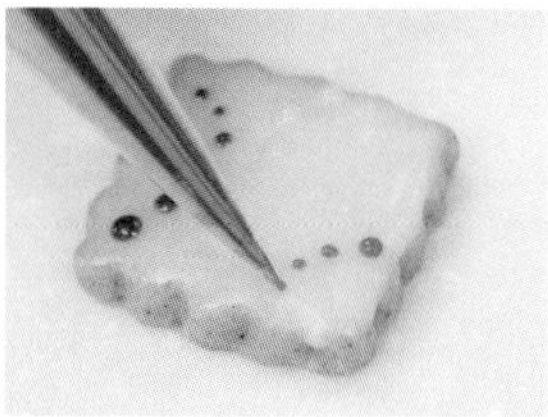

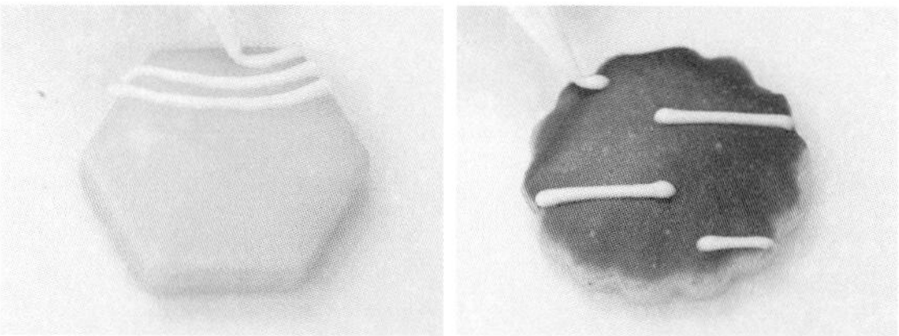

フルーツアイシングクッキーにアイシングでラインを描く。ラインは数本並べたり、弧を描くように描いたりする。

デコアイデア 3

くぼみに絞り出す

1 焼く前の生地に、丸や四角の箸の後ろでくぼみをつける。

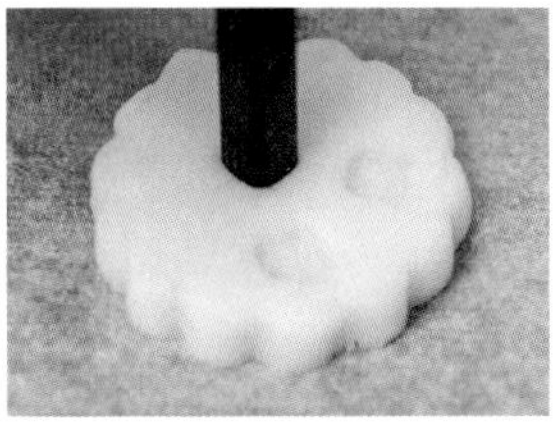

2 焼いて冷まし、アイシングをくぼみに絞り出す。

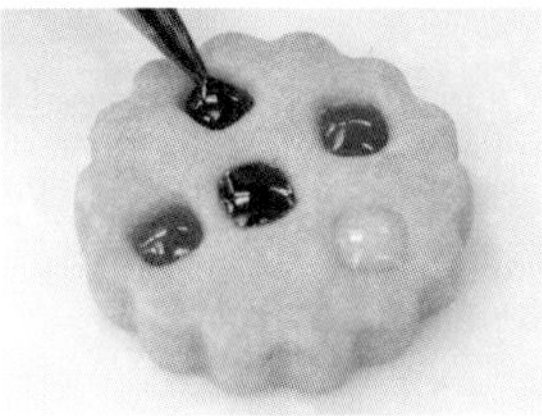

Advice

四角に絞り出すときは、そのままでは丸く見えてしまうので、意識して角をつくるようにします。

コルネの作り方&アイシングの詰め方

アイシングで細い線や小さなドットを描くときに欠かせないコルネ。透明フィルムやオーブンペーパーを巻いて作ります。

1 透明フィルムを30×20㎝に切り、対角線で切り離して直角三角形を2枚作る。

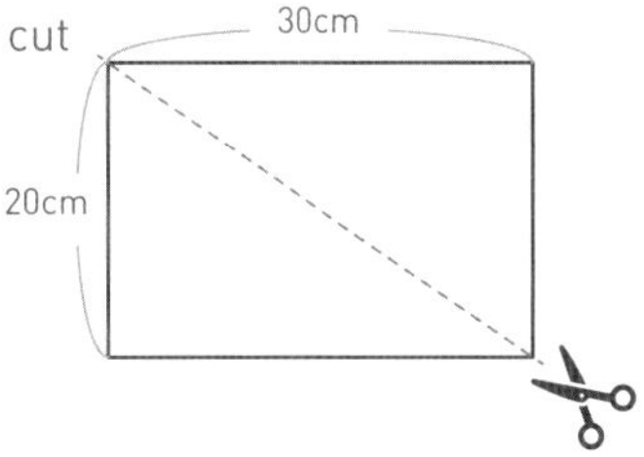

2 1枚の直角を上にして持ち、右から下部が細く円錐形になるように丸める。下部は絞り口になるので、穴ができないようにする。

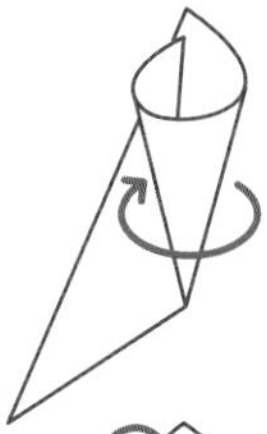

3 ときどき円が細くなるように引っ張りながら最後まで巻き、左の角を手前から内側に折り込む。

4 アイシングを入れ、フィルムの一番高い部分が中央にくるように持って左右を折り込む。

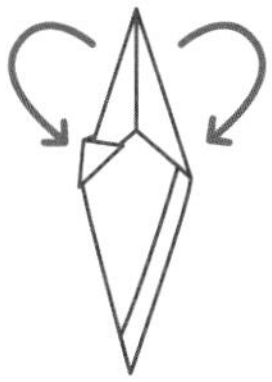

5 上からぴったり折りたたみ、先端を切る。

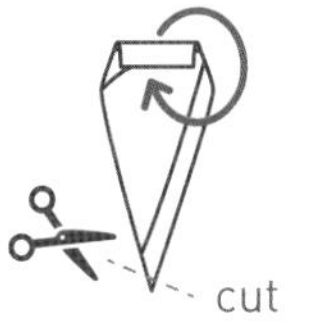

クッキーサンドアイス

一口サイズのクッキーサンドアイスは、食後のデザートにぴったりです。
素朴な型抜きクッキーが、アイスでちょっぴりしっとりして美味。
生地を焼く前にフォークで穴を開けておくと、かわいらしい姿になるのでお試しを。

材料（2個分）

型抜きクッキー（☞p.50）…… 4枚
バニラアイスクリーム …… 小さじ2
アーモンドダイス …… 適量

作り方

1 バニラアイスクリームは常温で少し柔らかくし、型抜きクッキー1枚の裏に小さじ1のせる。

2 もう1枚のクッキーの裏を下にして重ね、軽く押さえて厚みを均一にする。

3 ラップを広げて2をのせて包み、上部をねじって形をととのえる。

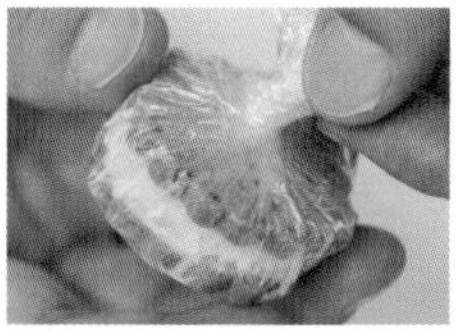

4 いったん開き、側面のアイスクリーム部分にアーモンドダイスをつける。もう1つも同様に作り、ラップで包んで冷凍庫で15分冷やし固める。

Part 4

ほろほろクッキー

ざくっとした食感で、口の中でほどけるようにくずれる生地が魅力。

形を美しく保つために強力粉を使い、

ざくざくとした食感はグラニュー糖で出しています。

最後にまぶす粉糖に抹茶やココアなどのフレイバーを混ぜて

さまざまな味わいを楽しみます。

ほろほろクッキー

ブールドネージュ（＝雪玉）と呼ばれる薄力粉と粉糖で作る
クッキーに似た、口の中でほろほろとくずれるタイプのお菓子です。
今回は形を美しく保つために強力粉を使っていますが、
強力粉は固くなりやすいので、くれぐれも練らないように混ぜてください。

材料（35個分）

《ほろほろクッキー生地》

バター …… 90g

A
- グラニュー糖 …… 28g
- 塩 …… ひとつまみ

アーモンドパウダー …… 35g

強力粉 …… 115g

粉糖（仕上げ用）…… 50g

打ち粉（強力粉）…… 適量

準備

- □ バターは常温にもどして柔らかくする。
- □ アーモンドパウダー、強力粉、粉糖はそれぞれふるう。
- □ 天板にオーブンペーパーを敷く。
- □ オーブンは170℃に予熱する。

特別に用意するもの

- □ 生地の厚みを揃える18㎜厚さの添え棒。15㎜厚さでも可。

生地を作る

1 ボウルにバターを入れ、泡立て器で軽く混ぜ、均一な柔らかさにする。

Advice

全体に同じ柔らかさにしておくと、グラニュー糖や粉類がムラなく混ざります。

2 Aを一度に加え、ボウルを回しながら周りから中央に集めるようにすり混ぜる。

3 アーモンドパウダーを一度に加え、ムラなく均一にすり混ぜる。泡立て器についた生地もゴムべらできれいに落とす。

次のページへ続く☞

4 強力粉を一度に加え、ゴムべらで数か所切るようにして混ぜ、ボウルを回しながら、ゴムべらを底から大きく返して混ぜる。数回混ぜたら、再び切るように混ぜる。

Advice

最初に切るように筋を入れると、全体にムラなく混ざります。ぐるぐると練らないように注意しましょう。

5 粉っぽさがなくなったら混ぜ終わり。生地にまとまりがなくてもよい。

生地をのばして休ませる

6 ラップを広げ、厚みを揃える添え棒を15㎝ほど離して両側に置く。**5**をのせ四角くととのえる。

7 上にラップを広げる。麺棒を中央から外側に向かって押しながら、すべらせるように動かして空気を抜く。

Advice

空気を抜きながら押し広げると、生地がまとまります。

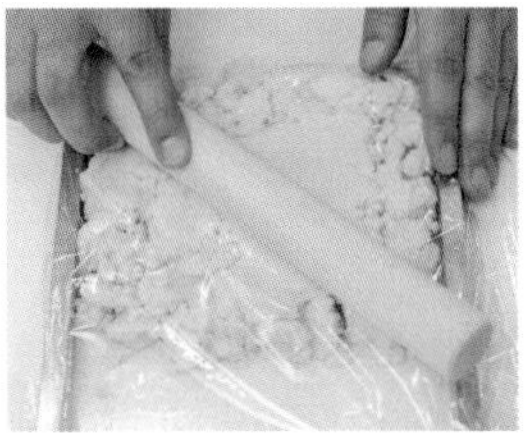

8 途中で上のラップをはずし、下のラップの両側を持ち、中央に引き寄せてととのえる。

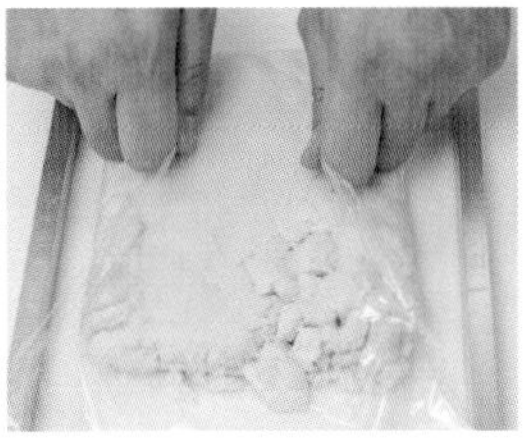

9 再び**7**と同様にして表面をととのえながら、ほぼ正方形にする。ラップでぴっちり包み、あればアルミかステンレスのトレーにのせて冷蔵庫で2時間休ませる。

成形して焼く

10 打ち粉をした台に**9**を置き、端を切り落とす。4辺に**6**の棒で18㎜間隔に印をつける。

Advice
成形から焼くまで、生地がダレないように手早く作業しましょう。15㎜厚さの添え棒を使用した場合は15㎜間隔にします。

11 縦横に切り分け、オーブンペーパーに間隔を空けて並べる。丸く仕上げるものは、手のひらで転がして丸くする。

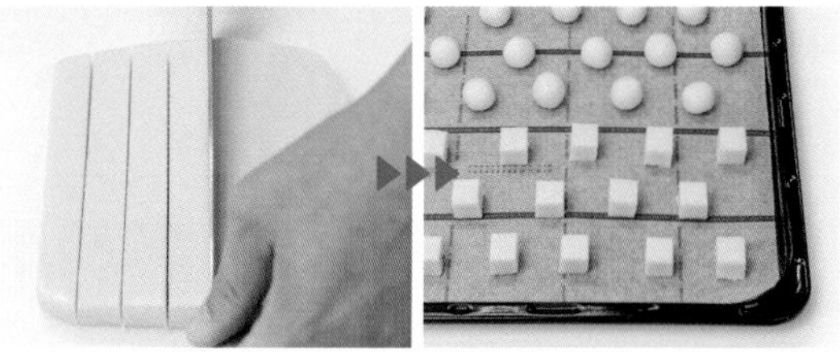

Advice
生地の端を丸く、内側を四角くするとムダがありません。

12 オーブンに入れて160℃にし、約18分焼く。網にのせて粗熱を取る。

粉糖をまぶす

13 **12**が温かいうちに適量を粉糖とともにボウルに入れる。両手でボウルの底から持ち上げるようにまぶしつけ、余分な粉糖を落とす。残りも同様にまぶす。

Advice
粉糖とクッキーをポリ袋に入れ、空気を入れて袋をふり混ぜてもきれいに仕上がります。

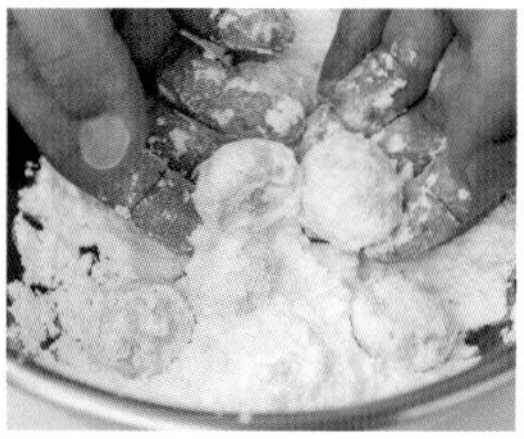

切り落とした生地を
ミニほろほろクッキーに

切り落とした生地は、小さく丸めて160℃で約10分焼き、粉糖をまぶすと74ページのパフェやアイスクリームのトッピングなどに使えます。

抹茶のほろほろクッキー
きな粉のほろほろクッキー

こちらは抹茶ときな粉。
丸く作ったほろほろクッキーに和風味の粉糖をまぶすとほっこり和みます。

抹茶のほろほろクッキー

材料（35個分）

《ほろほろクッキー生地の材料》（☞p.65）
…… 全量

打ち粉（強力粉）…… 適量

《抹茶パウダー》

粉糖 …… 47g

抹茶（粉）…… 3g

準備と特別に用意するもの

□ 65ページのほろほろクッキーと同様に準備する。

作り方

1 65〜67ページのほろほろクッキーの作り方を参照し、1〜12と同様にクッキーを焼いて粗熱を取る。

2 抹茶パウダーの材料をポリ袋に入れてふって混ぜ、1を加えてふってまぶす。

きな粉のほろほろクッキー

材料（35個分）

《ほろほろクッキー生地の材料》（☞p.65）
…… 全量

打ち粉（強力粉）…… 適量

《きな粉パウダー》

粉糖 …… 50g

きな粉 …… 5g

準備と特別に用意するもの

□ 65ページのほろほろクッキーと同様に準備する。

作り方

1 65〜67ページのほろほろクッキーの作り方を参照し、1〜12と同様にクッキーを焼いて粗熱を取る。

2 きな粉パウダーの材料をポリ袋に入れてふって混ぜ、1を加えてふってまぶす。

紅茶のほろほろクッキー
いちごのほろほろクッキー

仕上げにまぶす粉糖に、いちごパウダーや紅茶の葉を混ぜると、
簡単に人気フレイバーのクッキーに大変身。

紅茶のほろほろクッキー

材料（35個分）

《ほろほろクッキー生地の材料》（☞p.65）
…… 全量

打ち粉（強力粉）…… 適量

《紅茶パウダー》

粉糖 …… 40g

紅茶の葉（刻む）* …… 10g

＊ 香りのよいダージリンや、コクのあるアッサムがおすすめ。包丁で細かく刻むかミルで粉砕する。

準備と特別に用意するもの

□ 65ページのほろほろクッキーと同様に準備する。

作り方

1 65～67ページのほろほろクッキーの作り方を参照し、1～12と同様にクッキーを焼いて粗熱を取る。

2 紅茶パウダーの材料をポリ袋に入れてふって混ぜ、1を加えてふってまぶす。

いちごのほろほろクッキー

材料（35個分）

《ほろほろクッキー生地の材料》（☞p.65）
…… 全量

打ち粉（強力粉）…… 適量

《いちごパウダー》

粉糖 …… 40g

いちごパウダー（フリーズドライ）…… 10g

準備と特別に用意するもの

□ 65ページのほろほろクッキーと同様に準備する。

作り方

1 65～67ページのほろほろクッキーの作り方を参照し、1～12と同様にクッキーを焼いて粗熱を取る。

2 いちごパウダーの材料をポリ袋に入れてふって混ぜ、1を加えてふってまぶす。

ココアのほろほろクッキー

生地にココアを練り込んで、ほろ苦い大人味に仕上げた口溶けのよいクッキーです。
ココアと粉糖をそれぞれまぶせば、１つの生地で２パターンの仕上がりになり、
組み合わせてプレゼントできます。

材料（35個分）

《ほろほろクッキー生地》

バター …… 90g

A
- グラニュー糖 …… 28g
- 塩 …… ひとつまみ

B
- 強力粉 …… 107g
- ココアパウダー（無糖）…… 8g

アーモンドパウダー …… 35g

打ち粉（強力粉）…… 適量

《仕上げ用》

ココアパウダー（無糖）…… 適量

粉糖 …… 適量

準備と特別に用意するもの

- □ バターは常温にもどして柔らかくする。
- □ Bは合わせてふるい、アーモンドパウダー、粉糖もそれぞれふるう。
- □ 天板にオーブンシートを敷く。
- □ オーブンは170℃に予熱する。

作り方

1 65〜67ページのほろほろクッキーの作り方を参照し、1〜3と同様に生地を作り、4でBを加えて同様に混ぜる。

2 5〜12と同様に生地を休ませて焼き、粗熱を取る。

3 13と同様に、半量にココアパウダーを、半量に粉糖をまぶす。

クッキーパフェ2種

ざくざくとした食感のほろほろクッキーを、パフェのコーンフレーク代わりに散らして簡単デザートに。
切り落とした生地をそのまま、または小さく丸めて焼いたものを使うとムダがありません。
いちごは洋風に、抹茶は和風に仕立てました。

いちごパフェ

材料（1人分）

《いちごのほろほろクッキー》
（☞p.70）…… 2個
バニラアイスクリーム …… 40g
いちご（縦半分に切る）、
ブラックベリー、ブルーベリー
…… 各適量
いちごソース*…… 小さじ1
ミントの葉…… 少量

＊ いちごジャム、またはいちごのピュレを水で溶きのばす。市販のソースでも可。

作り方

1 器にいちごソースを入れ、バニラアイスクリームをのせる。

2 アイスクリームの周りにいちご、ブラックベリー、ブルーベリーをのせる。

3 いちごのほろほろクッキーを半分に切ってのせ、ミントの葉を飾る。

抹茶パフェ

材料（1人分）

《ミニほろほろクッキー》
（☞p.67）*…… 20個
抹茶アイスクリーム …… 40g
甘納豆（小豆）…… 20g
ホイップクリーム …… 適量
抹茶（粉）…… 適量

＊ 生地の端を直径8mm程度に丸めて約10分焼いたもの。

作り方

1 器にミニほろほろクッキー、甘納豆の各半量を入れ、抹茶アイスクリームを中央にのせる。

2 ホイップクリームを添え、残りのほろほろクッキー、甘納豆を散らし、抹茶を茶こしでふる。

Part 5

チュイール

カーブした独特な形からチュイール（＝屋根瓦）と呼ばれているクッキー。

香ばしさと繊細な風味はこの薄さならでは。

温かいうちに麺棒やラップの芯に沿わせておくと、きれいな形に仕上がります。

カーブをつけず、レース状に薄く仕上げるタイプもご紹介します。

チュイール

アーモンドの香ばしさとオレンジの
爽やかな味わいは、繊細な薄さだからこそ際立ちます。
焼き上がってすぐ熱いうちに型や麺棒に沿わせておくと、
冷めたら美しいカーブがつきます。

材料（50枚分）

バター …… 45g

グラニュー糖 …… 160g

全卵 …… 100g

薄力粉 …… 30g

プレーンヨーグルト（無糖）…… 50g

オレンジジュース …… 大さじ2

オレンジの皮*（すりおろす）…… 10g（1個分）

アーモンドスライス …… 212g

＊ 固く絞ったふきんでしっかり拭いてワックスを落とす。

準備

☐ バターは電子レンジで溶かして60℃ほどに温める。

☐ 全卵はしっかりときほぐす。

☐ 薄力粉はふるう。

☐ プレーンヨーグルトはなめらかに混ぜる。

☐ 天板にオーブンペーパー*を敷く。

☐ オーブンは170℃に予熱する。

＊ あれば繰り返し使えるフッ素樹脂加工のシートを使うと、きれいに仕上がる。

生地を作る

1 ボウルにグラニュー糖、オレンジの皮を入れて泡立て器で均一にすり混ぜる。

Advice

オレンジの皮は水分の多い材料と合わせておくとダマになりやすいため、あらかじめグラニュー糖に混ぜておきます。

2 薄力粉を一度に加えて均一に混ぜる。

Advice

粉に対して水分が多い生地なので、粉を先に加えてダマになるのを防ぎます。

3 全卵を一度に加えてよくすり混ぜる。

次のページへ続く☞

4 プレーンヨーグルト、オレンジジュースを加えてそのつど均一に混ぜる。

5 溶かしたバターを一度に加え、しっかりムラなく混ぜる。ボウルの周りについた分もゴムべらできれいにする。

Advice

バターが冷めると浮いてしまい混ざりにくいので、約60℃に温めたものを混ぜます。

休ませる

6 空気に触れないように、ラップを生地にぴったり貼りつくようにかけ、ボウルにもかける。冷蔵庫で1時間休ませる。

Advice

休ませると粉や水分が油分を吸って、生地全体が均一になじみます。

アーモンドを加えて焼く

7 アーモンドスライスを加え、アーモンドが割れないようにゴムべらで底から返すように混ぜる。常温で10分休ませる。

Advice
休ませた生地にはアーモンドがなじみやすく、風味よく仕上がります。

8 スプーンとフォークを湯で濡らして温め、スプーンで**7**を底からすくってオーブンペーパーの上にフォークで落とす。

9 アーモンドが重ならないように楕円形に薄く広げる。長径6㎝、短径5㎝が目安。オーブンに入れて160℃にし、約8分焼く。

Advice
アーモンドが重なるとパリッと焼き上がらないので注意してください。

カーブをつける

10 焼き上がったらオーブンから1枚ずつ取り出し、表を上にして麺棒に貼りつけて冷ます。トヨ型があれば、裏を上にしてカーブに沿わせて冷ます。

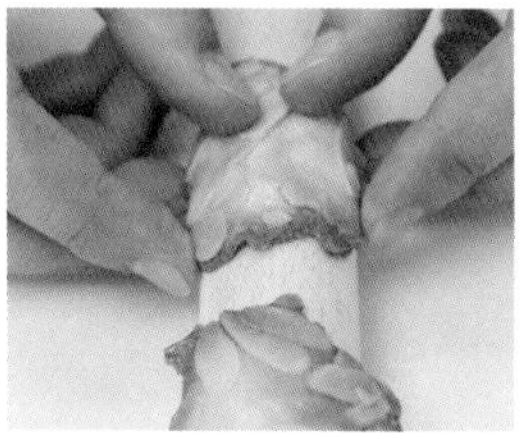

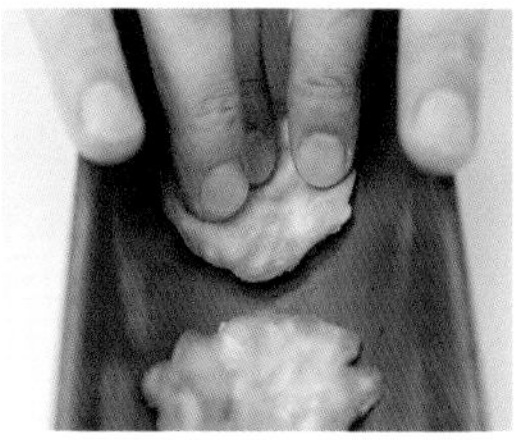

Advice
熱いので軍手をするなど、やけどに注意してください。

チョコナッツチュイール

チョコとナッツを贅沢に用いてリッチな仕上がりのチュイール。
薄く焼いた生地にカカオニブやアーモンドスライス、ピスタチオの食感がよく、香ばしさが際立ちます。
カカオニブの代わりにアーモンドダイスでも。

材料（50枚分）

A
- バター …… 65g
- スイートチョコレート（粗く刻む）…… 20g

全卵 …… 100g

B
- 薄力粉 …… 27g
- ココアパウダー …… 10g

牛乳 …… 25g

グラニュー糖 …… 160g

アーモンドスライス …… 170g

カカオニブ（あれば）* …… 25g

ピスタチオ（トッピング用。粗く刻む）…… 適量

＊ ローストしたカカオ豆の胚芽を砕いたもの。風味や食感がよくなり本格的な仕上がりになる。くるみ、ピーナッツ、カシューナッツなどを刻んで代用しても。

準備

□ Aはボウルに入れ、電子レンジで溶かして60℃ほどに温める。

□ 全卵はしっかりときほぐす。

□ Bは合わせてふるう。

□ 天板にオーブンシート*を敷く。

□ オーブンは170℃に予熱する。

＊ あれば繰り返し使えるフッ素樹脂加工のシートを使うときれいに仕上がる。

作り方

1. ボウルにグラニュー糖、Bを加えて均一に混ぜる。
2. 全卵を一度に加えてよく混ぜ、牛乳を加え、そのつど均一に混ぜる。
3. Aを一度に加えてしっかりムラなく混ぜ、78〜79ページのチュイールの作り方を参照し、6と同様にして休ませる。
4. 7と同様にアーモンドスライス、カカオニブを加えて混ぜ、休ませる。
5. 8、9と同様にオーブンシートに広げてピスタチオを散らして焼き、10と同様にカーブをつける。

キャラメルチュイール

ほろ苦いキャラメル入りの生地をパリッと焼いた、大人のチュイール。
キャラメルは焦げやすいので、少し手前で火を止めて余熱で仕上げます。

材料（50枚分）

バター …… 45g
グラニュー糖（キャラメル用） …… 60g
グラニュー糖 …… 100g
全卵 …… 100g
薄力粉 …… 45g
プレーンヨーグルト（無糖） …… 50g
アーモンドダイス …… 200g

準備

- □ 全卵はしっかりときほぐす。
- □ 薄力粉はふるう。
- □ プレーンヨーグルトはなめらかに混ぜる。
- □ 天板にオーブンペーパー*を敷く。
- □ オーブンは170℃に予熱する。

* あれば繰り返し使えるフッ素樹脂加工のシートを使うと、きれいに仕上がる。

作り方

1 小鍋にバターを入れて中火にかけ、焦げないように溶かす。キャラメル用のグラニュー糖を一度に加えて中火にし、泡立て器で混ぜながら溶かす。

Advice
火が弱いと砂糖が結晶化してしまうので、中火で一気に作りましょう。

2 かすかに茶色がかってきたら、もう少し。写真右下のような色になったら、火を止める。

Advice
余熱でも火が入るので、一歩手前で火を止めてください。

3 やけどに気をつけてプレーンヨーグルトを加え、ムラなく混ぜる。ボウルに移して表面にラップをぴったりかけて50℃程度まで冷ます。

4 別のボウルにグラニュー糖と薄力粉を入れ、泡立て器で均一に混ぜる。

5 4に3を加えてよく混ぜ、全卵を加えてよく混ぜる。78～79ページのチュイールの作り方を参照し、6と同様にして休ませる。

6 アーモンドダイスを加え混ぜ、常温で10分休ませ、8～10と同様に焼いてカーブをつける。

ごまチュイール
ココナッツチュイール

卵を入れず、水分少なめの生地でレース状に焼き上げます。
前ページのチュイールに比べてずっと薄く、ごまやココナッツの香りがより強調されて香ばしい。

ごまチュイール

材料（25枚分）

バター …… 35g

A
- グラニュー糖 …… 35g
- 黒糖 …… 40g
- 薄力粉 …… 30g

牛乳 …… 35g

黒いりごま …… 35g

準備

□ 77ページのチュイールと同様に準備する。ヨーグルトは不要。

作り方

1 ボウルにAを入れて泡立て器で均一に混ぜる。

2 牛乳を加えてよく混ぜ、溶かしたバターを加えてさらによく混ぜる。

3 空気に触れないように、ラップを生地にぴったり貼りつくようにかけ、ボウルにもかける。冷蔵庫で1時間休ませる。

4 黒いりごまを加えて混ぜ、常温で10分ほど休ませて生地をなじませる。

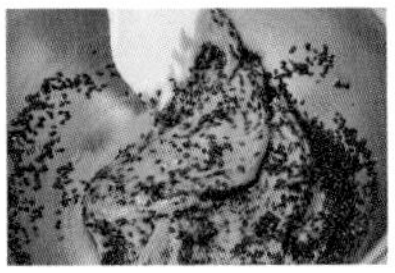

5 スプーンを湯で濡らして温め4を小さじ1ほどすくい、オーブンペーパーにのせる。スプーンの背を湯で濡らし、直径2.5㎝に広げる。

6 オーブンに入れて160℃にし、約8分焼く。ペーパーごと網にのせて冷ます。

ココナッツチュイール

材料（25枚分）

バター …… 35g

A
- グラニュー糖 …… 75g
- 薄力粉 …… 30g

牛乳 …… 35g

ココナッツファイン …… 35g

準備

□ 77ページのチュイールと同様に準備する。ヨーグルトは不要。

作り方

1 ボウルにAを入れて泡立て器で均一に混ぜる。

2 牛乳を加えてよく混ぜ、溶かしたバターを加えてさらによく混ぜる。

3 空気に触れないように、ラップを生地にぴったり貼りつくようにかけ、ボウルにもかける。冷蔵庫で1時間休ませる。

4 ココナッツファインを加えて混ぜ、常温で10分ほど休ませて生地をなじませる。

5 スプーンを湯で濡らして温め4を小さじ1ほどすくい、オーブンペーパーにのせる。スプーンの背を湯で濡らし、直径2.5㎝に広げる。

6 オーブンに入れて160℃にし、約8分焼く。ペーパーごと網にのせて冷ます。

Idées d'emballage facile

簡単ラッピングアイデア

気軽に贈りたいときには簡単で気の利いたこんなラッピングはいかがですか。
学校や職場など、少しずつたくさんのかたへ贈るときにもおすすめです。

Cigarettes
シガレット
×

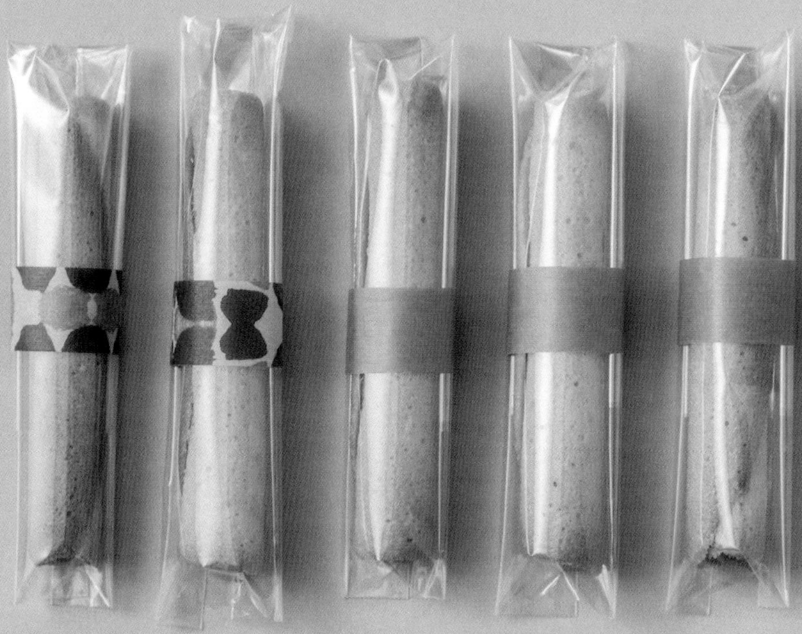

透明フィルム & マスキングテープ

1本ずつ袋に入れてブルー系のマスキングテープで巻きました。あのお菓子!?　と誰もが連想するラッピング。大人数に配るときでも1本ずつのインパクトが強く、お店で売っているようなでき上がりに歓声が上がりそう!　両端は割れやすいので気をつけましょう。

One-point advice ▶▶ 形に沿ってそっと巻いたら先にテープで留めてください。

キャンディ包み

細長いシガレットをキャンディ包みにし、両端をリボンで結びました。ねじった部分がクッションになり、繊細で割れやすい両端も安心です。カラーペーパーで包んでから透明フィルムでくるむと、湿気にくいのでおすすめです。

One-point advice ▸▸ カラーペーパーとリボンの色を揃えると大人っぽい。

透明フィルム ＆ ペーパー ＆リボン

穴を開けたペーパーをかぶせてテープで固定し、リボンを結んだラッピングはそのまま店頭に並んでいそう！　透明フィルムは幅に合わせて折り込んでテープで固定するので何本入りにしてもOK。異なるフレイバーを組み合わせても楽しい贈りものになります。

One-point advice ▸▸ ペーパーの切り口ははさみを使い分けて波形やギザギザに。

透明フィルム

シンプルに透明フィルム袋に入れてリボンやペーパーでラッピング。上の半透明の袋には細い組みひもを巻き、下はペーパーをくるりと巻いてシールで留めるだけ。ひもの結び位置や、袋とペーパーの分量のバランスを意識すると美しい仕上がりに。

One-point advice ▶▶ 全体に同じトーンでまとめるときれいに見えます。

透明フィルム & 糸

ラング ド シャーサンドを一回り大きなペーパーとともに、透明フィルムに入れて包んで糸をキュッと固結びしました。シンプルなラッピングでありながら、黒の糸を結ぶことで全体が締まり大人っぽい印象に。凜としたたたずまいが素敵です。オーブンペーパーを重ねると脂じみしません。

One-point advice ▶▶ ペーパーは主張のない色、柄を選ぶとよりシックにまとまります。

レースペーパー ＆リボン

マチのないシンプルな紙袋に、半分に折ったレースペーパーをかぶせて細いリボンで結びました。
ラング ド シャーは個別に袋に入れておくと、中で動いても割れる心配がありません。レースペーパーは種類も豊富。お気に入りを見かけたら購入しておくといいですよ。

One-point advice ▶▶ レースペーパーの直径は紙袋の横幅より少し大きめを選ぶとバランスがよくなります。

Cookies aux pépites de chocolat

チョコチップクッキー

×

アルミケース & リボン

1人分のお惣菜などを入れるアルミケースにクッキーを詰め、透明フィルムに入れてリボンをつけました。アルミケースはさまざまな形やサイズがあるので、クッキーの分量調整も簡単。リボンは結ばず、重ねて真ん中をペーパーワイヤーで縛って留めています。

One-point advice ▶▶ リボンの幅や色はアルミケースの大きさ、クッキーの色味に合わせて選びましょう。

ワイヤー ＆ タグ、端切れ

シンプルに袋に入れて口を縛るだけといったラッピングも、ひと工夫で自分らしさが出せます。ワイヤーで縛るときにタグをつけるだけ、お気に入りの端切れを無造作に縛るだけで、他にはない特別感が。タグにスタンプを押したり、メッセージを一言書き添えたりするのもおすすめです。

One-point advice ▸▸ タグは厚紙を好きな形にカットして、パンチで穴を開けるだけで簡単に作れます。

Cookies décor glacé

アイシングデコクッキー

×

透明フィルム & ひも

アイシングでデコレーションしたクッキーは断然見せるラッピングがおすすめ。選りすぐりのクッキーを4つ組み合わせ、透明フィルムの袋に入れ、デコレーションを邪魔しない細いひもで結んでいます。凝ったデコレーションに感嘆の声が上がること間違いなし!

One-point advice ▸▸ いちばん面積を占めるクッキーやアイシングの色に、ひもの色を合わせると素敵。

封筒 &リボン

ごく一般的な封筒に、手紙のようにサブレを。素敵なレターセットに出合うと、つい当てもなく買ってしまいませんか。そんな中から、贈る相手のイメージに合わせて、封筒を選びましょう。太めのリボンをあしらうと贈りものらしく変身します。

One-point advice ▸▸ サブレは入れすぎず、厚みが均一になる量にするとリボンが結びやすくなります。

紙コップ ＆ リボン

ころんとしたほろほろクッキーを、穴を開けた紙コップに入れてバケツのようにリボンで取っ手をつけ、このまま「どうぞ」と贈れるスタイルにしました。ほろほろクッキーは透明フィルムの袋に入れると、まぶした粉糖も落ちず、湿気対策にもなります。

One-point advice ▶▶ 取っ手らしくアーチ状になるように、張りのある固めのリボンをご用意ください。

透明ケース & リボン

大切なアクセサリーを贈るように、ほろほろクッキーをケースに入れてリボンをかけました。クッキーの色に合わせたシックなトーンのリボンなら大人っぽい印象に。このケースはまくらの形にちなんで主に「ピローケース」という名で出回っています。

One-point advice ▶▶ 粉糖が落ちないように、透明フィルムに入れてからケースに入れてください。

Des cookies friables

ほろほろクッキー

×

折り紙ボックス

小さな頃を思い出して折り紙で蓋付きの箱を作ってみましょう。箱と蓋の色を替えて作り、細いひもをかけました。ほろほろクッキーがちょうど４個入る大きさ。粉糖とココアをそれぞれまぶしたココアのほろほろクッキーを市松に詰めています。

One-point advice ▶▶ 折り紙にオーブンペーパーを重ねて折ると、脂じみが防げます。

テトラパック

割れやすいチュイールは、空気を味方にすれば大丈夫！　テトラパックは外部からの刺激に比較的強く、ちょっと何かが当たった程度ならチュイールもほぼ割れません。好みのペーパーや透明フィルムを封筒形に作って開くだけでできます。透明フィルムの袋で個包装にするのをお忘れなく。

One-point advice

▶▶ リボンはくるりとつけたり、
ふわっと垂らしたりなどお好みで。

透明パック ＆ ボタン

お惣菜などを入れる蓋がきちんと閉まるパックに繊細なチュイールを重ね入れ、かわいいボタンをつけたゴムを巻くだけで、アイデア溢れる贈りものに。食べたあとはヘアゴムとして使えるので、小さなお子さんへのプレゼントにも喜ばれそう。相手に合わせて色や形を選ぶのも楽しいものです。

One-point advice ▸▸ ゴムの色とボタンの色は同系色を選ぶときれいにまとまります。

Tuiles

チュイール

×

マチ付き紙袋 &リボン

中が見えるマチ付き紙袋の上部にパンチで穴を開け、リボンを通して取っ手を作り、リボン結びにしました。マチ付きの紙袋なら中の空間をふんわり保つことができるので安心。取っ手のあるラッピングはそのまま贈れるため便利です。

One-point advice ▸▸ 存在感のある太めのリボンを使うと贈りものらしい雰囲気になります。

Boîtes de conserve à cookies et boîtes

心躍るクッキー缶 & ボックス

蓋を開ける前からわくわくする、クッキーの詰め合わせ。
贈る相手のために、自分のために、大切なものをそっとしまうように詰めてください。

Cigarettes et Sandwiches langue de chat
シガレット & ラングド シャーサンド

ヨックモックの定番の２種をコンパクトに詰めました。ラングド シャーサンドは平らに１段積んだら、立てて余白を埋めます。ヨックモックでは、シガレットは下から上へ巻き上がるように詰めます。

Dimention à la boîte
缶のサイズ

長辺16 × 短辺6 × 高さ4㎝

Cigarettes et Sandwiches langue de chat

シガレット &
ラング ド シャーサンド

ヨックモック定番のシガレットとラング ド シャーサンドを互い違いに詰めました。シガレットはプレーンといちごの２種を用意し、やさしい雰囲気を醸します。紅茶やモカ、抹茶などを取り合わせても。

Dimention à la boîte
缶のサイズ
長辺 13.2 × 短辺 9.2 × 高さ 4.4 ㎝

Boîtes de conserve à cookies et boîtes

Cigarettes , Sandwiches langue de chat,
Sablés,Cookies découpés, Des cookies friables

シガレット & ラング ド シャーサンド & サブレ & 型抜きクッキー & ほろほろクッキー

形状や食感の異なるクッキーを数種詰めたお楽しみクッキー缶です。重ねるクッキーと立てるクッキーのほか、立体的なほろほろクッキーがあると便利。全体のトーンはシンプルで大人っぽく仕上げました。

Dimention à la boîte
缶のサイズ

長辺 15.8 × 短辺 10.8 × 高さ 4.5 ㎝

Sablés
サブレ

正方形のボックスにサブレを規則的に詰めました。重ねて5か所に詰めてから、縦に入れて隙間を調整します。箱の色に合わせてカラーペーパーを選び、オーブンペーパーを重ねて脂じみを防ぎます。

Dimention à la boîte
箱のサイズ
11.5 ㎝角 × 高さ 5.0 ㎝

本書で使用した特別な材料

本書のクッキーは、手に入りやすい材料がほとんど。でも、お菓子作り初心者のかたには、初めて目にする材料もあるかもしれません。ここでは、ふだんあまり使わない材料を紹介しています。製菓材料コーナーやネットの専門店でお探しください。

アーモンド

製菓材料としては一番ポピュラーなナッツ。とくにアーモンドを粉末状にした、アーモンドパウダーはクッキーになくてはならない存在です。風味がよく、コクがあり、他の材料と相性がよいため、どのクッキーに用いても他の材料を引き立てます。スライスやダイスはトッピングに便利。

スライス

ダイス

パウダー

マカダミアナッツ

チョコレート菓子でおなじみ。ころんとした姿で柔らかく、コクがあるわりには、クセがありません。写真はローストして粗く刻んだ塩味のついていないもの。本書ではマカダミアナッツサブレにザクザク入れました。ホールを刻んでも使えます。

ココナッツファイン

ココヤシの果実から取り出した胚乳を乾燥させ、粗挽きにしたもの。まろやかなコクがあります。本書では生地に混ぜ、さらにトッピングして焼き上げています。細切り状のものはココナッツロングという商品名で売られています。

ピスタチオ

鮮やかなグリーンが特徴で、ややクセのある濃厚な味わいのナッツ。製菓には刻んで、パウダーにして、ペーストにしてなどさまざまな形状で使用します。本書では生地にパウダーを混ぜ込みました。刻んで用いるホールはおつまみ用ではなく無塩のものを選びましょう。

ホール

パウダー

抹茶（粉）

緑茶の一種で、茶葉を粉末状にしたもの。シガレットやほろほろクッキーに使いました。湿気やすいので、まぶしたら早めに食べましょう。光に弱く、変色しやすいので、アルミ箔で包んで保存してください。

きな粉

大豆を煎って皮をむき、粉末にしたもの。煎ることによって豆特有の青臭さが抜け、香ばしさが残ります。本書では粉糖と混ぜて、ほろほろクッキーの周りにまぶしました。

ココアパウダー

チョコレートの素となるカカオ豆から作ります。粉末だからクッキー生地に混ぜやすく、手軽にチョコレート味に。製菓には、砂糖などが混ざっていないものを選びましょう。

チョコレート

お菓子作りには、一般的に製菓用を使います。市販の板チョコよりもカカオバターが多く、風味と口溶けがよいのが特徴。ただ、溶かすときに温度調節（テンパリング）が必要で難しいため、本書では、パータグラッセや洋生チョコレートなどと呼ばれるコーティング用のチョコレートを使用しています。これはカカオバターの代わりに他の油脂を使用しているため、テンパリングが不要です。

いちごパウダー

フリーズドライにしたいちごを、粉末状にしたもの。クッキー生地に混ぜやすく、熱を加えても風味が残ります。水分を含まないため、生クリームやスポンジ生地、チーズケーキなどに簡単に混ぜて使えます。

レモンピール

レモンの皮をシロップで煮つめたもの。ほのかな苦みと爽やかな後味で、焼き菓子にアクセントをつけます。トッピングにしたり、生地に混ぜ込んだりして使います。

フルーツピュレ

果物を生のまま、または加熱調理してつぶしたもの。本書ではアイシングに使うので、裏ごしタイプを選んでください。なければ裏ごしして使いましょう。製菓材料として冷凍品があり、季節を問わず購入できます。製品によっては砂糖を加えたものもあり、ソースにするときは便利。

フランボワーズ

ブルーベリー

マンゴー

あると便利な道具

クッキー作りの道具は、家にあるもので代用することもできますが、専用のものがあるとスムーズです。
一度に買い揃える必要はありませんが、少しずつ揃えるのも楽しいもの。
ぜひこの本をきっかけに、お菓子作りを続けてください。

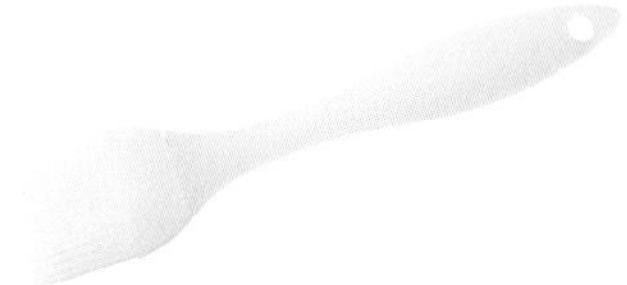

刷毛

焼く前の生地に卵黄を塗るときに使います。写真はシリコン樹脂製で熱にも強いので、焼きたてのケーキにシロップを含ませることもできます。お菓子作り用にひとつあると便利です。

添え棒

生地を均一な厚さにのばしたり、切るときに生地の両端に置いて使用します。アルミやアクリル、木製などがあります。ホームセンターなどお店によっては、木を指定の厚さにカットしてもらえることも。

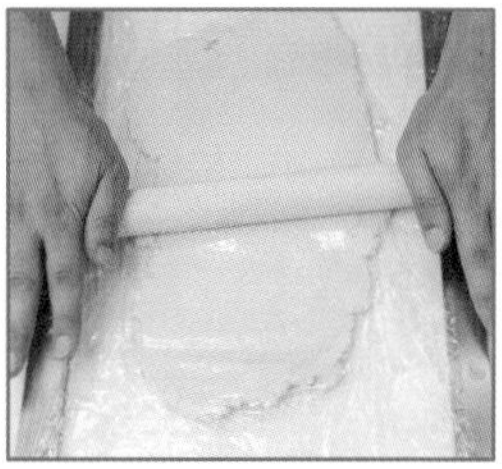

パレットナイフ

ラング ド シャー生地を型に敷き込むときに。天板内など段差があるときはＬ字形のものが使いやすくておすすめです。ケーキのデコレーションにも使えます。

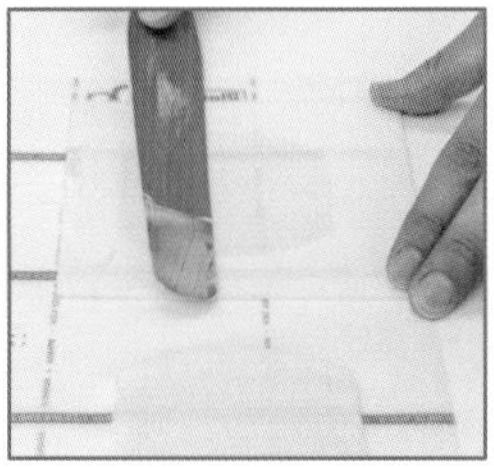

製パン・製菓ボード（人工大理石）

アクリル樹脂やポリエステル樹脂などでできた６～７㎜厚さのボード。生地がくっつきにくく、温度が一定で、生地をのばす、型抜き、切るなど成形するときに便利。木製もあります。

初めてでも安心
クッキー作りの用語集

本書のクッキー作りは比較的シンプルなレシピで、初心者のかたから挑戦していただけますが、
なかにはお菓子作り特有の言葉や言い回しがあります。
作り方を読んで、わからない言葉が出てきたら、ここでチェックしてください。

アイシング

焼き菓子やパンなどの上にかかっているペースト状のもの。糖衣の総称。お菓子の彩りになるだけでなく、乾燥を防いだり、風味づけにもなる。本書ではフルーツと粉糖を合わせてクッキーにデコレーションしている。

打ち粉

クッキー生地の成形時に、ベタつかないようにまぶす粉。一般的に、粒子が粗くサラサラしている強力粉を使用する。生地をのせる前に台や麺棒にふり、生地にも適宜ふりながら成形する。ふった粉はどんどん生地に吸収され、粉っぽい仕上がりになるので、ふりすぎないように注意すること。

生地

粉や砂糖など複数の材料を混ぜ合わせて作る、完成前の状態のもの。本書のクッキーでは焼く前の状態のものを指すが、焼き上げたものが他のお菓子のパーツの一部となる場合は、焼いた状態のものも（クッキー）生地と呼ぶ。

金箔

金を高温で溶かして板状にし、ごく薄く叩きのばしたもの。少量でも飾ると華やかに見えるので、お菓子や料理に用いられる。本書ではアイシングしたクッキーに、アクセントとして飾っている。

黒糖

さとうきびの絞り汁を煮つめ、精製せずに作られる砂糖の一種。ミネラル分が豊富でコクがある。本書ではごまチュイールに使用。

初めてでも安心
クッキー作りの用語集

コルネ

細い線や文字を描くときに使う、紙などで作った小さな絞り出し袋。オーブンペーパーや透明フィルムなどで作り、チョコレートやアイシングを詰めて細く絞り出す。本書では、ラング ド シャーサンドやアイシングデコクッキーで使用。作り方は61 ページ。円錐形のパンやお菓子にクリームを詰めたものもこう呼ぶ。

常温にもどす

冷凍庫や冷蔵庫から出したてのものを、そのままおいて冷えていない状態にすること。本書では常温を20℃前後としている。バターや卵などは常温にもどして使うことが多い。「室温にもどす」という表現もある。

すり混ぜる

バター、卵、グラニュー糖など水分の少ない材料を混ぜるとき、泡立て器でボウルの底をこするように混ぜる方法。飛び散らず、均一に混ざる。

全卵

卵黄、卵白に分けない、卵全体を指す。お菓子作りでは、卵黄のみ、卵白のみを使うレシピがあり、区別するためにこのように呼ぶことが多い。

ダマ

液状のものに粉類を混ぜたとき、きれいに溶けきらずに残る粒状のかたまり。あらかじめ粉類はふるっておくと、粒状に残りにくい。

ピュレ

野菜やフルーツを加熱して、または生のままつぶしたもの。野菜やフルーツの形が残った状態のものと、裏ごししたものがある。本書では裏ごししたものに粉糖を合わせて、アイシングを作っている。無糖と加糖があるので、購入時に気をつけること。製菓材料では冷凍が主流。

ふるう

粉類に空気を含ませてサラサラにするため、ふるいでふるうこと。かたまりがあるとダマになりやすく、均一にするために混ぜすぎてしまう。本書では粉糖、薄力粉、強力粉はふるいで、粒子の粗いアーモンドパウダーは目の細かいざるでふるう。

分離する

油脂と水分がきれいに混ざらず、分かれてしまうこと。クッキー作りにおいては、バターに卵白などの水分を一度に大量に入れたり、どちらも冷えていたりすると混ざらず分離してしまう。分離するとボソボソになったり、液状になったりする。反対にきれいに混ざった状態を乳化という。

ベーキングパウダー

重曹（ベーキングソーダ）をベースにした膨張剤。重曹は生地を横にふくらませるが、ベーキングパウダーは縦にふくらませる。本書では、ふくらみにくい粉が多めのクッキーに用いて火の通りをよくしている。

ホイップクリーム

生クリームに砂糖を加えて泡立てたもの。冷やしながら一気に泡立てることが大事。生クリームをボウルに入れていったん冷やし、ボウルを氷水に当てて泡立てる。本書ではクッキーを使ったデザート用なので、泡立て器を持ち上げたとき、すっと柔らかい角が立つ程度がベスト。ホイップクリームの名で市販されているものは大半が植物性のクリームを指す。本書では風味のよい動物性がおすすめ。

休ませる

生地やクリームを混ぜたあと、冷蔵庫や常温でしばらくおくこと。バターをしっかり冷やして焼成中に溶け出すのを防いだり、材料どうしをなじませたりするために行う。空気が入らないように、ぴっちりラップをする。「寝かせる」ともいう。

予熱

焼成前に、オーブンの庫内を温めておくこと。冷たいオーブンで焼き始めると、適温に達するまでに生地がダレてしまうため、あらかじめ温めておく。とくに家庭用のオーブンは小さくて、開閉で温度がすぐに下がってしまうため、本書では10℃高く予熱している。

余熱

焼成後に、熱を持ち続けて火が入ること。クッキー作りでは、焼き上がったあと、オーブンの庫内に入れっぱなしにするだけでなく、天板やオーブンペーパーにのせたままにしておくと、火が入りすぎてしまう。ただしチュイールのような薄く繊細なクッキーは、冷めてからペーパーをはずす。

STAFF

撮影 ❁ 清永 洋
カバー＆本文デザイン ❁ mogmog Inc.
スタイリング・ラッピング ❁ 久保田加奈子
イラスト ❁ ばばめぐみ
校正 ❁ 株式会社円水社
構成・文 ❁ 井伊左千穂
編集部 ❁ 能勢亜希子
編集協力 ❁ 石坂三奈子
器協力 ❁ UTUWA（tel 03-6447-0070）
AWABEES（tel 03-5786-1600）

ヨックモック商品開発グループのみなさん。甘い香りがただよう開発室にて、日々、新商品や季節商品の試作、改良に励む。今回レシピを考案したのは、前列右から2人目の佐藤千城さん。家庭で作りやすいレシピを重視し、買いやすい材料、失敗しにくい配合や作り方など数々の工夫を凝らす。前列中央は新規レシピの試作等を担当した浦野沙樹さん。贈る気持ちを大切に心を込めて制作。

ヨックモックの
贈るクッキーレシピ

発行日　2021年12月20日　初版第1刷発行

発行者　竹間 勉
発行　株式会社世界文化ブックス
発行・発売　株式会社世界文化社
〒102-8195
東京都千代田区九段北4-2-29
電話　03-3262-5118（編集部）
03-3262-5115（販売部）
印刷・製本　凸版印刷株式会社
DTP製作　株式会社明昌堂

ISBN978-4-418-21323-8

本書は2015年10月に刊行された『ヨックモックが教えるクッキーレシピ』に追加取材をして再編集したものです。